中日桥汉语

中国語―日中の架け橋

（中级上）

汲传波　［日］杉本雅子　编著

北京大学出版社
PEKING UNIVERSITY PRESS

图书在版编目(CIP)数据

中日桥汉语.中级.上/汲传波,(日)杉本雅子编著.—北京：北京大学出版社，2017.8

ISBN 978-7-301-28664-7

Ⅰ.①中… Ⅱ.①汲…②杉… Ⅲ.①汉语—对外汉语教学—教材 Ⅳ.①H195.4

中国版本图书馆CIP数据核字(2017)第203326号

书　　名	中日桥汉语(中级上) ZHONG-RI QIAO HANYU
著作责任者	汲传波　[日]杉本雅子　编著
责任编辑	宋思佳　邓晓霞
标准书号	ISBN 978-7-301-28664-7
出版发行	北京大学出版社
地　　址	北京市海淀区成府路205号　100871
网　　址	http://www.pup.cn　新浪微博:@北京大学出版社
电子信箱	zpup@pup.pku.edu.cn
电　　话	邮购部 62752015　发行部 62750672　编辑部 62752028
印 刷 者	北京大学印刷厂
经 销 者	新华书店
	787毫米×1092毫米　16开本　9.5印张　146千字 2017年8月第1版　2017年8月第1次印刷
定　　价	60.00元(含1张MP3光盘)

未经许可，不得以任何方式复制或抄袭本书之部分或全部内容。
版权所有，侵权必究
举报电话：010-62752024　电子信箱：fd@pup.pku.edu.cn
图书如有印装质量问题，请与出版部联系，电话：010-62756370

立命馆孔子学院·北京大学对外汉语教育学院
《中日桥汉语》(中国語—日中の架け橋)
编辑委员会

顾　　问：[日]竹内实
监　　修：[日]中川正之　[日]是永骏
总 主 编：李晓琪
中级主编：王顺洪　[日]杉本雅子　[日]宇野木洋

总 序

　　俄国教育学家乌申斯基曾说过："好的教科书和有效的教学法，能使没有经验的教师成为一个好老师。如果缺少这些，一个优秀的教师也难以真正在教学上登堂入室。"这句话明确地告诉我们，教材在第二语言教学中始终占据着相当重要的位置。

　　随着汉语作为第二语言教学在日本的不断深入，不仅学习人数快速增加，且学习者的类别也不断增多。在这一形势下，对教材，特别是对有针对性的教材的需求越来越迫切。本套系列教材正是在这一大背景下顺应而生。编写者衷心希望本套教材的出版能够为广大在日本本土学习汉语的需求者提供积极的帮助，同时也为在中国学习汉语的各类日本朋友提供更多选择。以下是本套教材的概括介绍。

　编写原则

　针对性　充分考虑学习者的母语特点，在全面研究有别于欧美学习者的学习规律基础上，针对日本人和日本人学习汉语的特点，确定教材编写模式，力求提高以日语为母语的学习者的汉语学习效率。

　科学性　吸收国际最新的教材编写理论，吸收汉语最新研究成果，在汉语语言要素选择、输入、练习设计等诸多方面进行全面考量，循序渐进，力求教材内容科学专业。

　真实性　从初级到最高级，不同阶段突出不同特点，但各段的共同点都是以实现语言交际为目标。场景设置和材料的选择都与某一真实环境相结合，使教材真正可以做到学以致用。

　系统性　参考国内外先进的第二语言标准，特别是汉语水平测试标准，整套教材为小台阶多级别的组合，共分为初级、准中级、中级三段，每一段上下两册，全套教材共有六册。

　文化性　教材在选材上突出文化底蕴，尤其注意中日文化的交流与碰撞，使语言学习的过程同时成为文化交融的过程，充分体现出多元文化大背景下语言教学的崭新面貌。

结构目标

全套教材共有三段六册,各段的具体目标是:

初级 以结构为纲进行编写,同时兼顾功能项目,力求二者完美结合。初级教材的编写重在体现出针对性特点,即针对日本人学习汉语时需要加强的方面,采用听说领先的编写方式,同时又兼顾到中日语言中汉字的中介作用,使教材从初级起,就展现出有别于传统的、面向欧美学习者的汉语教材的崭新面貌。初级阶段的词语在800个左右,学完初级,可以进行初步的日常交际。

准中级 以情景和功能为纲进行编写。为体现情景的真实性和实用性,上册侧重于日本情景,下册侧重于中国情景,并尽可能做到寓功能于情景之中,同时注意补充初级阶段未曾学习的语法项目。课文多是对话加叙述的形式,力求自然、轻松、有趣,以引发学习者的兴趣。同时,以多种形式强化听和说的训练,进一步体现母语为日语者的教材特点。学完准中级,词语达到1600个左右,可以独立在中国生活,并用汉语进行简单的沟通。

中级 以功能和话题为纲进行编写,同时兼顾中级阶段的语法项目。在前两阶段的基础上,加强学生对中日同形词音义对照辨析能力的培养。课文形式由主要是对话体转为文章体,课文内容从主要是日常生活交际语言的学习转为对更具社会、文化含量文章的读解与听说,从而提高在较深层次、较宽领域运用汉语进行表达和交际的能力。学完中级,词语达到3200个左右,可以比较自由地用汉语与中国人进行沟通和交流。

教材特点

国别教材 语言教学理论,特别是二语学习理论的研究成果已经充分表明,不同母语的学习者,由于自身母语的不同,在学习第二语言的时候,会产生不同的学习特点和难点。因此,针对不同母语者的不同需求,从第二语言教材的编写原则出发,针对某一国别的特殊需求编写教材是十分科学有效的,这也正是本套教材最突出的特点之一。

合编教材 本教材的另一特点是,这是一套名副其实的中日合编教材。从教材的策划到编写大纲的制定,从顾问的邀请到教材总主编和监修的配合,从各级主编的确定到编写人员的组成,以至每一课的具体编写,每一步都凝聚了中日双方人员的心血和智慧,其目的就是中日双方各自发挥所长,扬长避短,合编教材。

趣味教材 本教材内涵十分丰富,其内容不但贴近学生生活,而且特别注重凸显中日两国的文化,同时放眼世界,展示人类共通文化;练习形式多样,既丰富又实用,既有针对课文内容的问题,也有具有启发性的开放式问题,使学习者在学习教材的同时,有很宽广的拓展和深化思考的空间,使得学习过程充满了挑战与趣味。

有效教材　以上几个特点,体现出本教材明显地不同于以往的汉语教材。她针对日本人学习汉语的实际需求,她凝聚了中日双方汉语教师的共同智慧,她科学、有趣、实用、有效。我们相信,这是一套全新的受到使用者欢迎的有效教材。

本套教材从2008年策划到2012年开始出版,历经四年。其间日本立命馆孔子学院付出了极大的努力。作为本套教材的总主编,我首先要向立命馆孔子学院致以最衷心的感谢,是你们的睿智和果断,使得教材得以问世。同时,我也要感谢北京大学和立命馆大学的校领导,你们的决策和支持,保证了教材的持续编写。我还要感谢为本套教材的策划和提出建设性意见而付出心血的所有中日朋友,你们的参与与献策,使得教材锦上添花!最后,我要感谢参加编写教材的全体中日教师,谢谢你们的辛勤付出!感谢北京大学出版社的领导和编辑。

由于水平和能力,本套教材一定还有需要进一步改进的地方,欢迎听到各方朋友的宝贵意见。

李晓琪

2012年春于北京大学

総　序

　ロシアの教育学者ウシンスキーは、「よい教科書と効果的な教授法は経験の浅い教師を一人前の教師にすることができる。これらがなければ、優秀な教師であっても教育のより深い境地に達することは難しい。」と述べている。この言葉からもわかるように、第二言語教育において、教科書は非常に重要なものである。

　日本では中国語教育の拡大に伴い、学習人口の増加だけではなく学習者のレベルも多様化している。このような状況の下、教科書に対する要求は高まってきており、このニーズに応えるべく本シリーズは生まれた。この教科書の出版により、日本における中国語学習者によりよい学習環境を提供し、また中国の日本人中国語学習者にも学習ツールの選択肢の一つとして加えて頂けたらと願っている。この教科書シリーズの概要は以下のとおりである。

編集原則
　一）対象をはっきりさせた構成
　　　学習者の母語の特性を考慮していること。欧米系学習者とは異なる学習法則の研究に基づき、日本人の中国語学習の特徴に即した教科書編集を行うことにより、日本語を母語とする学習者の学習効率を高めた。
　二）科学性
　　　最新の国際的な教科書編集理論と中国語研究の成果に基づき、中国語素材の選択、導入、練習問題の設定などについて全面的に吟味し、専門的かつ科学的であるよう努めた。
　三）実際性
　　　初級から上級まで、それぞれのレベルで異なる特徴を打ち出すと同時に、各レベルともに中国語によるコミュニケーション能力の向上を目標とした。シーン別会話の設定や素材の選択は全て現実社会に即したものであり、これにより、実際に使うことに役立てる科書とした。
四）系統性
国内外の第二言語教育基準、特にHSK基準を参考し、細かいレベル設定をする。本シリーズは初級、準中級、中級3段階で構成され、各級上・下冊、全6冊で構成した。
五）文化的
本教科書は日中文化交流など文化的側面も取り入れることにより、語学学習の過程で文化についても知識を深めることができる。多元文化の背景のもと、新しい言語教育の姿を明らかにした。

目標構成

本教科書シリーズは3段階計6冊で構成される。各級の目標は以下のとおりである。

初　級：構造的を軸に編集し、機能的項目も考慮し、構造を理解し、機能も果たせるようにした。初級テキストは対象を明確にして編集したことが特長で、日本人学習者の弱点であるリスニングとスピーキングに重点をおき、同時に日中両言語における漢字のもつ橋渡し機能に着目し、初級段階から従来の欧米系学習者向け教材とは異なる新しいタイプの教科書とした。初級の語彙量は約800程度、学習終了後は初歩レベルの日常的コミュニケーションが可能である。

準中級：シーン別会話と機能性を軸に編集した。会話場面の現実性と実用性を高めるため、上冊では日本の状況、下冊では中国の状況に焦点を合わせた。会話場面はできるだけ機能的に、また初級で述べられなかった文法事項についても補足を行った。本文は会話に叙述文を加えた形式で、自然で、負担にならない、楽しい、学習者の興味をかきたてる内容とした。同時に、多方面からリスニングと会話能力を強化することにより、日本語を母語とする学習者に即した教材という特長を打ち出している。準中級学習終了後、語彙量は約1600、単独で中国で生活をすることができ、中国語を用いて簡単なコミュニケーションを図ることができる。

中　級：機能性とトピックスを軸に編集を行い、同時に中級レベルの文法事項についてもふれた。初級、準中級での学習という基礎のもと、日中同形語の発音と意味に関する対照弁別能力を養う。本文は会話形式から文章形式に、内容は日常生活で使用するフレーズの学習から更に社会的、文化的要素をもつ文章の読解と運用となり、より深い、広い領域で中国語を用いた表現力、コミュニケーション力の向上を目指す。中級学習終了後は、語彙量約3200、比較的自由に中国語を用いて中国人とコミュニケーションし、交流することができる。

（中国では外国人に対する中国語を「初級」、「准中級」、「中級」、「高級」のように段階分けがおこわれるのが普通で、それぞれの段階で習得されるべき語彙数などが定められている。本シリーズにおいても「准中級」まではそれに準拠したが、「中級」は中国人の書いた原文を収録し解説を加える体裁にした。日本の慣例に従えば「中級」は「上級」の相当する。）

教科書の特長

対象国別教科書

　言語教育学理論、特に第二言語学習理論の研究でもすでに明らかになっているが、母語の異なる学習者では、第二言語学習上の優位性と弱点も異なる。よって母語の異なる学習者のニーズに対して、第二言語学習教材の編集原則に基づき対象国別に教科書を策定することは科学的で効果的であり、この教科書シリーズの最大の特長のひとつでもある。

日中合作教科書

　教科書のもう一つの特徴は、日中合作教科書であるということである。教科書の企画から編集大綱の策定、総顧問の招聘から総主編、総監修の協力により、各テキスト主編の決定から編者の構成および各課の執筆まで、すべてが日中双方の知恵と努力の結晶であり、お互いの良いところを取り入れた合作教科書である。

おもしろい教科書

　教科書は学生の生活に密接した内容となっているだけではなく、日中両国の文化に焦点をおくと同時に世界に目を向け、人類共通の課題にも触れた豊富な内容となっている。また豊富で実用的、本文に即した様々な練習問題を用意しており、学習者により広く深く思考を促し、学習過程においてチャレンジ精神と楽しみをかきたてる内容となっている。

効果的な教科書

以上の特長より、この教科書は他の中国語教科書とは一線を画したものとなっている。教科書は日本人学習者のニーズに即した、日中双方の中国語教師の知恵の結晶であり、科学的で面白い、実用性に富んだ効果的な教科書である。本シリーズが学習者に広く受け入れられると信じている。

本教科書シリーズは2008年の企画から2012年から出版まで、4年の時間を費やした。この間、立命館孔子学院は多大な労力を費やしてくださった。本教材の総主編として、立命館孔子学院に心より感謝申し上げる。貴学院の英知と果断により、この教科書は世に出ることができた。同時に、北京大学と立命館大学の学園執行部の方々にも感謝したい。二つの大学の執行部各位の意思決定と支持により，教科書編集を継続することができた。また、この教材の企画に対して助言くださったすべての日中両国の友人にお礼を申し上げたい。皆様方の参画と助言により、本教科書をより素晴らしいものにすることができた。最後に、本書の編集に尽力いただいた日中双方の教員に感謝の意を表する。北京大学出版社の責任者と編集者にも感謝したい。

本教科書シリーズの不十分な点などについては、先生方、学習者の方々から忌憚のないご意見を頂戴できれば幸いである。

李晓琪

2012年春北京大学にて

关于中级教材的说明

这是中日合编《中日桥汉语》系列教材(全6册)的中级部分,为了帮助使用者取得更好的教学效果,特做如下说明:

一、编写构思与特色

◇ **课文形式**:在准中级基础上,由主要是对话体转为文章体,由主要是日常生活会话转为对更具社会、文化含量文章的读解和听说,提高在较深层次运用汉语进行交际的能力。

◇ **课文内容**:以介绍当代中国为主,兼顾日本和中日对比,叙述、议论相结合,涉及文化、历史、人物、经济、社会、人生、习俗等,具有知识性、趣味性、可读性。

◇ **课文容量**:分为上下两册,每册9课,共18课。课文长度上册800—1000字,生词40个左右,下册1000—1200字,生词45个左右,语言点两册均为每课4—6个。

◇ **难易程度**:课文是从数百篇文章中精选的,根据教学需要进行了适当删改。上册乙级、丙级词各约占一半,丁级词很少;下册乙级、丙级词各约占40%,丁级词约20%。

◇ **两册关系**:内容类别相似,话题互相联系,构成大循环,同时又各成体系,可以分别单独使用;在篇幅、语言、程度上,上册容易些,下册难一些,体现了中级两个层次。

◇ **授课学时**:按日本的1学时90分钟计算,每课需3—4学时,两册各需30—40学时。若每周1学时,一册学完需1年,两册需两年,如每周2—3学时,一年能全部学完。

◇ **预期目标**:扎实学完这两册中级教材,学生所掌握的总词语量将达到约3200个,可以比较自由地用汉语与中国人进行话题较为广泛、深入的沟通与交流。

二、教学步骤与方法

◇**课前热身：**针对课文题目，通过提问和简单介绍相关信息，进入授课氛围，拉近学生与课文内容的距离，引起和激发学生的学习兴趣。

◇**带读课文：**针对日本人发音薄弱的特点，通过带读并让学生标上陌生词的汉语拼音，使学生避免受日文汉字发音干扰，首先了解并初步掌握课文的读音。

◇**生词读讲：**让学生轮流朗读生词表中的生词，在朗读过程中注意矫正错误的发音。每读一部分后让学生提问，教师对难点和重点词进行讲解，其中要特别强调词语的搭配。

◇**课文读解：**为了启发学生理解和动口，采取全班或分组逐句逐段边读边议的形式，学生轮读课文，每读一段后学生和教师互相提问，教师对学生不懂之处进行讲解。

◇**语言点讲练：**语言点因有中日文解释，除较难者外，一般不需要进行过多的讲解，重点是让学生在熟悉例句的基础上，按照设定的要求进行操练、运用。

◇**综合练习：**包括听句子填空白、听后判断正误、选词填空、根据课文回答问题、成段表达等，通过多种形式，充分利用课文的内容和词语，由易到难地训练听说能力。

◇**布置作业：**一是熟读课文和记忆生词，二是造句和短文写作等，以便消化、巩固和补充课上的教学内容。最后使学生的汉语水平全面提高，达到本教材所预期的教学目标。

教学有法而无定法，一切以提高教学效果为目的，上述教学步骤与方法仅供参考。

编　者
2012年7月

目 录

页码	课文	语言点	知识链接
1	第1课 不到长城非好汉	1. 据说 2. 还是……吧 3. 真的 4. 一……就…… 5. 只有……才…… 6. 为	慕田峪长城
14	第2课 汉字的魅力	1. 却 2. 究竟 3. 因……而…… 4. 甚至	汉字的起源与发展
25	第3课 日本相扑在中国公演	1. 简直 2. 当……时 3. 竟 4. 动词+起来 5. 连忙 6. 随着	国家大剧院
38	第4课 共植中日友好之树	1. 并 2. 当年 3. 不禁 4. 而 5. 再三	植树节
51	第5课 蓝天上架起的友谊桥	1. 之前、之间 2. 从而 3. 据+动词 4. 此外 5. 以……为主	中国大熊猫在日本

63	第6课 我在中国感受到的变化	1. 如同……一样 2. 一直 3. 在……方面 4. 在……下	中国经济发展缘何举世瞩目
74	第7课 追求时尚的年轻人	1. 于是 2. 令 3. 既……又…… 4. 曾经 5. 作为	世界感受中国网购"惊奇":交易额达1207亿
86	第8课 柴米夫妻间的亲情	1. 然而 2. 其实 3. 动词+起来₂ 4. 不由得 5. 毕竟	《中华人民共和国婚姻法》摘录
98	第9课 当你老了的时候	1. 拿……来说 2. 偶尔 3. 除非 4. 尽管……可是…… 5. 恰恰	人口老龄化

111	语言点索引
113	生词索引
130	听力练习录音文本与参考答案

第1课　不到长城非好汉

课前热身

☞ 问题1：你去过长城吗？谈谈你知道的长城。
☞ 问题2：中国人到日本旅行,你觉得应该先去哪儿？

课　文

　　不到长城非好汉。虽然自己不是什么好汉,但是到长城一游的梦想已有多年。在我的心中,长城是神圣的,是每个中国人都应该看一看的。这次偶然的机会,实现了我珍藏在心中多年的梦想。

　　同学请了一天假陪着我,我十分感动。十年未见的同学,不仅能见面叙旧,而且还能一起登上长城,这真是一件特别有意义的事情。

　　从北京德胜门①坐车直达八达岭②,心里越来越激动,因为离长城越来越近了。

　　乘务员③告诉我们,长城北峰比较险峻,而且第八个烽火台④是长城的最高点,也就是有名的"好汉坡"⑤。*据说那里是观看、拍摄长城的最佳处,我决定一定要到"好汉坡",拍摄一些照片,也不枉此行。

　　到达"好汉坡"有两种方式,一种是坐缆车⑥到达第四个烽火台,然后攀登到第八烽；另一种是完全徒步攀登。对于不经常锻炼的我，真是想坐缆车上去，可是同学一直在鼓励我应该爬上去才对。她还说她七十岁的父亲去年来长城就是爬上去的。唉，我总不能被七十岁的老人落下吧。

爬，一定坚持到最高处！

从下车车站到长城脚下有一段距离，都是坡道⑦。走在这上面就已经气喘吁吁，总是想说*还是坐缆车吧，可是又不好意思说出来，硬着头皮往上走。心里*真的没底，不知道前面的路还有多远，*一听888米的高度就有点儿晕了。

每往前走一段距离，我就会稍停一下，休息一会儿。站在长城上，心情真的好激动，眼界也开阔了许多。在感叹长城壮观的同时，真是感觉爬长城很吃力，但是现在想改变主意也不可能了，因为缆车不在这里坐，即使在也不能变啊。我在心里面不停地给自己加油，一定要亲自爬上长城。

山势越来越高，陡坡也越来越多，但是眼界也越来越开阔了。今天的天气真好，蓝蓝的天上飘着朵朵白云。据说这样的天气*只有最近才有，我很庆幸，抓住一切机会，从不同的角度记录着长城的壮观。

越往上爬，越觉得徒步攀登是对的。这是一次体力的挑战，更是一次毅力的挑战。站在最高处，我真的好兴奋！我终于实现了多年的梦想，真的太高兴了！

周围有很多人，中国人、外国人，大家都是一样的笑脸，是和平的世界*为来自五大洲⑧的人们创造

第1课　不到长城非好汉

了亲眼目睹并登上万里长城的机会！

（改编自原彬《游长城》, http://nkclbbs.chinabdh.com）

注释：

① 德胜门（Déshèngmén）：北京の旧城門の一つ。現在はジャンクションがあり、交通の要所となっている。

② 八达岭（Bādálǐng）：北京市延慶県にある万里の長城八達嶺は、最初に旅行客に開放された、最も修復がすすんでいる長城。北京にある長城のなかでその壮大さを誇っている。

③ 乘务员（chéngwùyuán）：鉄道、バス、電車、船などの乗務員。

④ 烽火台（fēnghuǒtái）：昔、砦にあったのろし台。

⑤ 好汉坡（Hǎohànpō）：八達嶺長城の非常に急な斜面。海抜が高く、頂上には「頂上に登らずば好漢にあらず」と書かれた石碑が立っている。

⑥ 缆车（lǎnchē）：ロープウェイ。

⑦ 坡道（pōdào）：坂道。

⑧ 五大洲（wǔ dàzhōu）：アジア・ヨーロッパ・アフリカ・アメリカ・オセアニアの五大州を指す。

生　词

1. 梦想	mèngxiǎng	名、动	小时候的～；～到太空旅行
2. 神圣	shénshèng	形	～的权利；～的使命
3. 偶然	ǒurán	形	～的机会；～事件
4. 珍藏	zhēncáng	动	～名画；～古物
5. 感动	gǎndòng	形、动	令人～；～得流泪
6. 叙旧	xù jiù		老朋友～；叙叙旧
7. 登	dēng	动	～山；～长城

8. 直达	zhídá	动		从北京乘火车~广州;~终点
9. 激动	jīdòng	形、动		心情很~;~人心
10. 险峻	xiǎnjùn	形		山石~;~的山峰
11. 坡	pō	名		陡~;山~;~度
12. 拍摄	pāishè	动		~电影;~计划;~技巧
13. 不枉此行	bù wǎng cǐ xíng			长城太雄伟了,真~
14. 到达	dàodá	动		~目的地;~机场;准时~
15. 攀登	pāndēng	动		~高峰;向上~
16. 徒步	túbù	副		~旅行;~前进;~前往
17. 鼓励	gǔlì	动		~孩子好好学习;多~少批评
18. 落	là	动		~在后面;被~下了
19. 距离	jùlí	名		很长的~;一段~
20. 气喘吁吁	qìchuǎn xūxū			刚跑了400米,他就~了
21. 硬着头皮	yìngzhe tóupí			我心里害怕,但还得~往上爬
22. 晕	yūn	动		头~;~倒;~头转向
23. 眼界	yǎnjiè	名		~很宽;扩大~
24. 开阔	kāikuò	形、动		~的广场;~眼界;~视野
25. 感叹	gǎntàn	动		令人~;~人生短暂
26. 吃力	chīlì	形		学习很~;工作太~了
27. 加油	jiā yóu			给朋友~;为我们队~
28. 山势	shānshì	名		~险峻;很陡
29. 飘	piāo	动		随风~来阵阵花香;红旗~~
30. 庆幸	qìngxìng			值得~;很~
31. 抓住	zhuāzhù	动		~栏杆;~把手;~机会
32. 角度	jiǎodù	名		不同的~;射门的~很好
33. 记录	jìlù	动		会议~;现场~
34. 体力	tǐlì	名		~劳动;增强~;~很好

35. 挑战	tiǎozhàn	动	~对方；~书；~者
36. 毅力	yìlì	名	学好外语，要有~；没有~
37. 兴奋	xīngfèn	形	很~；~的心情；太~了
38. 来自	láizì	动	~不同的国家；~五湖四海
39. 创造	chuàngzào	动	~机会；~有利条件
40. 亲眼	qīnyǎn	副	~看一看；~所见
41. 目睹	mùdǔ	动	耳闻~；~了实际情况

语言点

1. 据说

△据说那里是观看、拍摄长城的最佳处。

◎解释：根据别人说的。多用在句首，有时也用在句中。

＊解说：他の人が言ったことをもとに話をする。文頭に置かれることが多いが、文中に置かれる場合もある。

例句：（1）据说他去过美国100多次。

（2）据说这部电影非常好看。

（3）长城最高处据说有888米。

（4）喜欢用左手的人据说比较聪明。

【练习】根据提示，用"据说"完成对话。

（1）A：明天天气怎么样？

　　B：_____。（雨）

（2）A：那个人是谁？

　　B：_____。（有名的演员）

（3）A：他有女朋友吗？
　　　B：_____。（十个）
（4）A：你知道她为什么学汉语吗？
　　　B：_____。（她的妈妈）

2. 还是……吧

　　△还是坐缆车吧。

　　◎解释：表示经过比较和考虑，认为这么办比较好。

　　＊解説：比較して考えた結果、どちらかといえばその方がよいと判断したことを示す。

　　例句：（1）你感冒了，还是回家休息吧，别上课了。
　　　　　（2）还是我去吧，你在家等我。
　　　　　（3）我看还是去颐和园吧，长城太远了。
　　　　　（4）今天我太忙了，还是明天去吧。

【练习】（一）选择A和B中的一个，说明理由。

A	B	理由
毕业以后做老师	毕业以后做警察	
今晚吃麦当劳	今晚吃中国菜	
周末去旅行	周末在家休息	
坐公共汽车	骑自行车	

【练习】（二）根据上面的表格，用"还是……吧"说一句话。

（1）_____。
（2）_____。
（3）_____。

(4) _____。

3. 真的

△心里真的没底。

◎解释:强调确实如后面所说。

＊解说:確かにこうだということを強調する。「本当に…だ」。

例句:（1）心情真的好激动。

（2）站在最高处真的好兴奋！

（3）我终于实现了多年的梦想,真的太高兴了！

（4）我真的不想去看电影。

【练习】用"真的"完成对话。

（1）A：最近你怎么不跟我联系？

　　B：_____。

（2）A：我穿的这件衣服漂亮吗？

　　B：_____！

（3）A：第一次去你喜欢的地方旅行,你的心情怎么样？

　　B：_____。

（4）A：你为什么喝那么多酒？

　　B：_____。

4. 一……就……

△一听888米的高度就有点儿晕了。

◎解释:表示两件事时间上前后紧密相接。两件事可以是同一主语,也可以不是同一主语。

＊解说:二つの事柄が時間的に密接に連動していることを表す。主語は、同じでもよいし異なっていてもよい。

例句：(1) 他一学就会。
　　　(2) 我一上课就想睡觉。
　　　(3) 她一看到巧克力就想吃。
　　　(4) 孩子一哭，妈妈就开始哄。

【练习】下面是渡边的情况，请把A、B用"一……就……"组成完整句子。

A	B
下课	去打篮球
喝	脸红
洗完澡	睡觉
考试	头疼
听到爸爸的声音	紧张
吃虾(xiā、えび)	过敏
他谈恋爱	妈妈反对
下雨	他腿疼

(1) _____。
(2) _____。
(3) _____。
(4) _____。
(5) _____。
(6) _____。
(7) _____。
(8) _____。

5. 只有……才……

△据说这样的天气只有最近才有。

◎解释:表示唯一的条件,非此不可。

*解说:唯一無二の条件を提示し、それ以外は不可であることを示す。

例句:(1) 这种中药只有在中国才能买到。

(2) 他只有上网才快乐。

(3) 你只有努力才能学好。

(4) 只有你给他打电话,他才能来。

【练习】根据提示,用"只有……才……"把A、B连接起来,然后造句。

A	B
周末	能休息
年轻人	懂这些网络语言
勇敢的人	能登上这座高峰
亚洲	有这样的气候
寂寞	想起来给父母打电话
春节	回家

(1) _____。

(2) _____。

(3) _____。

(4) _____。

(5) _____。

(6) _____。

6. 为

△是和平的世界为来自五大洲的人们创造了亲眼目睹并登上万里长城的机会。

◎解释:"A为B……"表示A给B，B是接受者。

*解説:「A为B……」で、AがBのためにある動作を行うことを表す。

例句:(1) 每天早上,妈妈为我做早饭。

(2) 老师为每个学生都准备了一件小礼物。

(3) 老板为每个员工都加了薪。

(4) 公司为我们创造了非常好的工作环境。

【练习】用"为"回答问题。

(1) A:你为什么喜欢这家公司？

B:_____。

(2) A:为什么中国人重视春节？

B:_____。

(3) A:今天你怎么不去食堂吃饭？

B:_____。

(4) A:母亲节的时候,你做什么？

B:_____。

综合练习

(一) 听句子填上空白部分。

1. 虽然自己不是什么好汉,但是到长城一游的(　　　　)已有多年。

第1课　不到长城非好汉

2. 同学请了一天假（　　　　）着我,我十分感动。
3. 到达"好汉坡"有两种方式,（　　　　）是坐缆车到达第四个烽火台,然后攀登到第八烽;（　　　　）是完全徒步攀登。
4. 唉,我总不能被七十岁的老人（　　　　）下吧。
5. 每往前走一段（　　　　）,我就会稍停一下,休息一会儿。

（二）听后根据课文判断正误,对的画"√",错的画"×"。

1. （　）
2. （　）
3. （　）
4. （　）
5. （　）

（三）选词填空。

（鼓励　创造　吃力　感叹　庆幸　挑战　珍藏　偶然）

1. 他因为一次（　　　　）的机会,与那位漂亮的女孩儿认识了。
2. 十年前丈夫给她买的手机,她现在还（　　　　）着。
3. 中国政府（　　　　）大学生到农村就业。
4. 父母对孩子的爱,真让人（　　　　）。
5. 人老了,做什么事情感觉都比较（　　　　）。
6. 她很（　　　　）自己找到了理想的工作。
7. 企业上市,会有更多的机遇,也存在着更大的（　　　　）。
8. 这家公司为大学生实习（　　　　）了很多机会。

(四) 成段表达：我去过……

小提示：
1. 你去过哪儿？
2. 什么时间去的？
3. 是和谁一起去的？
4. 怎么去的？是坐火车还是坐飞机？是坐汽车还是坐轮船？
5. 你喜欢那儿吗？
6. 你在那儿玩儿了多长时间？
7. 你拍照了吗？
8. 你的心情如何？

(五) 小采访。

采访3个同学，问一问他们如果爬长城或爬山时，喜欢坐缆车还是徒步攀登，为什么，把采访的内容写在下面的表格里，然后在全班说一说。

姓名	坐缆车/徒步攀登	为什么

提示：
节省　时间　气喘吁吁　出汗　锻炼　风景　拍照　体力　毅力　挑战　兴奋　喜欢……，是因为……

第1课　不到长城非好汉

知识链接

慕田峪长城

慕田峪长城位于北京怀柔区境内,是北京新十六景之一。著名的长城景观箭扣、牛角边、鹰飞倒仰等位于慕田峪长城西端,是万里长城的精华所在。慕田峪长城山峦叠嶂,植被覆盖率达90%以上。慕田峪长城设有国内一流的缆车,开发了中华梦石城、施必得滑道等项目,形成了长城文化、石文化和体育健身娱乐项目的有机结合。英国前首相梅杰,美国前总统克林顿等多位外国首脑都曾到慕田峪游览。1992年,慕田峪长城被评为北京旅游世界之最,2002年被评为4A级风景区。

第2课 汉字的魅力

课前热身

☞ 问题1：你是什么时候开始学习汉字的？
☞ 问题2：日本的汉字与中国的汉字一样吗？

课　文

在日本，从1995年开始，每年12月12日前后都会选出一个汉字，代表一年发生的大事。可惜的是，每年选出的都是一些意思不太好的汉字，如"震"①"倒"②等等。

另外，每年日本举办的汉字考试也吸引了许多人参加，从老人到孩子都有。报纸上的文字游戏，似乎也非常受欢迎。这种对汉字的关心说明，虽然人们离书本越来越远，不愿和书本打交道，但还没离开文字本身。

但是不知道为什么，被称为"暴走族"③的那些人，*却非常喜欢复杂的汉字。又黑又长的外套背上，会贴着"鏖"④这样一个特别大的汉字。"鏖"（日语也写作"皆杀"⑤）意思是"杀死大家"。不知道他们怎么会找到这样难写的汉字，也许他们中有汉字博士吧。

乱用词汇、不愿读书的现象已存在多年。虽然这样，人们对汉字却越来越感兴趣。这*究竟是什么原因呢？那些*因汉字太难记而不想学的孩子们，如果由于某种机会对汉字产生了兴趣，

第2课　汉字的魅力

就会越来越喜欢。我想这有着五六千年历史的汉字，一定有特殊的魅力。

有人认为，与26个字母的英语相比，汉字太难；*甚至还有的人认为"汉字学习会使近视眼增加"。学校对汉字的排斥现在仍然在继续，有的中小学校先教汉字的日语读音，而把汉字书写一年一年往后推。汉字真那么复杂、难记，占用了孩子们的空余时间吗？

《朝日新闻》晚报上介绍过东京清濑市小学四年级的一节课。黑板上有一幅图画：一个女人蜷曲⑥着身子，鼓起的肚子里有一个孩子。老师把这幅图画逐渐变成"包"这个汉字。这一天只教了"包"这一个汉字，孩子们不但很好地记住了汉字的笔顺，还学到了许多用例。老师说："通过学习汉字，可以接触到丰富多彩的世界。"

许多汉字在最早的时候就是图画，正因如此，孩子们可以一边看图画一边记汉字。

那种汉字增加了孩子学习负担的想法，是应该得到纠正的时候了。只要求死记的教育方法是让孩子对汉字不感兴趣的原因。怎样教能使孩子对汉字感兴趣，这才是大人们要考虑的问题。

（选自《文字的魅力——一个日本人眼中的汉字》，南鹤溪著，王宝平译，上海古籍出版社，2002年）

中日桥汉语　　中级上

注释：

① 震(zhèn)：阪神大震災を指す。
② 倒(dǎo)：いくつもの大企業が倒産し、大銀行が経営危機に陥ったことを指す。
③ 暴走族(Bàozǒuzú)：日本語。中国語では「飛車党」、「飚車族」という。
④ 鏖(áo)：激戦、苦戦。
⑤ 皆杀(jiēshā)：皆殺し。
⑥ 蜷曲(quánqū)：人間や動物が身体を丸めること。

生词

1.	魅力	mèilì	名	汉字的～；她很有～
2.	选	xuǎn	动	～班长；～代表
3.	可惜	kěxī	形	很～；太～了
4.	举办	jǔbàn	动	～运动会；～展览
5.	吸引	xīyǐn	动	～人；互相～；被……～
6.	报纸	bàozhǐ	名	一份～；一张～
7.	游戏	yóuxì	名	玩～；做～；喜欢电脑～
8.	似乎	sìhū	副	他～睡着了；满天乌云，～要下雨
9.	受	shòu	动	～欢迎；很～感动；～教育
10.	书本	shūběn	名	～费；～知识
11.	越来越	yuè lái yuè		～漂亮；～好；～快
12.	打交道	dǎ jiāodao		很会～；跟……打过交道
13.	本身	běnshēn	代	事物～就是复杂的；错误～并不严重
14.	称	chēng	动	被～为；大家连声～好
15.	外套	wàitào	名	一件～；漂亮的～

16

第2课　汉字的魅力

16. 贴	tiē	动	~对联；相片~在右上角
17. 博士	bóshì	名	考~；读~；~生；~学位
18. 现象	xiànxiàng	名	社会~；自然~；表面~
19. 感兴趣	gǎn xìngqù		对……~；很~
20. 究竟	jiūjìng	副	他~想说什么；产品的质量~好不好
21. 某	mǒu	代	~人；~学校；~个地方
22. 产生	chǎnshēng	动	~感情；~矛盾；~新的想法
23. 特殊	tèshū	形	情况~；~人物；搞~
24. 甚至	shènzhì	副	这里戏迷很多，~四五岁的孩子也学唱京戏
25. 使	shǐ	动	~皮肤变白；~大家满意
26. 近视	jìnshì	形	~眼；~得很厉害
27. 排斥	páichì	动	互相~；~外国人
28. 仍然	réngrán	副	已经12点了，他~在工作
29. 空余	kòngyú	名	~时间；~教室
30. 幅	fú	量	一~画；一~对联
31. 图画	túhuà	名	美丽的~；画了一幅~
32. 鼓	gǔ	动	~起一个包；~着嘴不说话
33. 逐渐	zhújiàn	副	天气~热了起来；病情~好转
34. 接触	jiēchù	动	~大自然；我没有~过那个人
35. 丰富多彩	fēngfù duōcǎi		~的活动；文艺节目~
36. 负担	fùdān	名	减轻~；~太重
37. 想法	xiǎngfǎ	名	很好的~；成熟的~
38. 纠正	jiūzhèng	动	~错误；~坏习惯
39. 教	jiāo	动	~汉语；~书
40. 考虑	kǎolǜ	动	~一下；认真~；全面~

中日桥汉语 中级上

语言点

1. 却

△被称为"暴走族"的那些人,却非常喜欢复杂的汉字。

◎解释:表示转折或对比。用在主语后、动词前,"却"前边可以加"但是""可是"。

*解説:逆説や対比を表す。主語の後ろ、動詞の前に置かれ、「却」の前に「但是」や「可是」を加えてもよい。

◇例句:(1) 春天来了,天气却变冷了。

(2) 我喜欢学汉语,(但是)她却喜欢学英语。

(3) 今天是周末,同学们都出去玩儿,他却在房间学习。

(4) 京剧是中国的国粹,可是许多年轻人却不喜欢。

【练习】(一)用"却"把A和B中的两个句子连在一起,注意"却"在第二个句子中的位置。

A	B
哥哥喜欢热闹	弟弟喜欢安静
爸爸喜欢睡懒觉	妈妈喜欢早起
他的汉语读写很好	口语不太好
妻子很高	丈夫很矮
我以为今天会很热	可是今天很冷
我觉得他有40岁了	可是他只有28岁

(1) _____。

(2) _____。

(3) _____。
(4) _____。
(5) _____。
(6) _____。

【练习】(二) 用"却"完成句子。

(1) 天气不冷, _____。
(2) 应该来的人没有来, _____。
(3) 虽然学了三年汉语, _____。
(4) 他来中国的时间虽然不长, _____。

2. 究竟

△这究竟是什么原因呢？

◎解释：表示进一步追究，加强语气。注意：带"吗"的问句不能用"究竟"，比如，不能说"你究竟去吗"。

＊解説：一步踏み込んで答えを求める強い気持ちを表す。注意：「吗」を伴う疑問文では「究竟」を用いることはできない。「你究竟去吗？」は間違いである。

◇例句：(1) 他的汉语水平究竟高不高？
(2) 究竟谁去？
(3) 你究竟是哪国人？
(4) 他究竟去没去超市？

【练习】用"究竟"完成对话。

(1) A：听说他是北京人。

B：我听说他是上海人，不对，好像是山东人。

C：_____？

(2) A：我喜欢这件红色的衣服，也喜欢这件绿色的，当然，蓝色的也可以。
　　B：_____？

(3) A：他的汉语水平很高。
　　B：我觉得他的汉语水平不高。
　　C：_____？

(4) A：我不能去演讲。
　　B：我也不能去。
　　C：_____？

3. 因……而……

　　△那些因汉字太难记而不想学的孩子们，如果由于某种机会对汉字产生了兴趣，就会越来越喜欢。

　　◎解释："因……而……"是"因为……所以……"的意思。注意："因……而……"是一个书面语句式，口语中少用。

　　＊解説：「因为……所以」の意味と同じ。書き言葉で、口頭で用いることはまれである。

　　◇例句：(1) 她因下雨而不想去上课。
　　　　　(2) 小王因感冒而不能参加足球比赛。
　　　　　(3) 我因迟到而被老师批评。
　　　　　(4) 王峰因从小受爷爷的影响而喜欢京剧。

【练习】A是原因，B是结果，请先连线，然后用"因／因为……而……"组成完整句子。

A	B
经营不善	被炒鱿鱼（chǎo yóuyú）
工作失误	引起重大交通事故
酒后驾车	停业

第2课　汉字的魅力

(1) _____。
(2) _____。
(3) _____。

4. 甚至

△有人认为,与26个字母的英语相比,汉字太难;甚至还有的人认为"汉字学习会使近视眼增加"。

◎解释:表示程度进一步加深,放到后一小句的开头。

＊解説:程度が進み、甚だしい状況を示す。後節の句頭に置く。

◇例句:(1) 有的父母经常骂孩子,甚至打孩子。
　　　 (2) 不但年轻人,甚至老人也喜欢上网。
　　　 (3) 他经常迟到,甚至旷课。
　　　 (4) 他没有结婚,甚至还没有女朋友。

【练习】根据提示,用"甚至"把A、B连接起来,注意"甚至"的位置。

A	B
抽烟的人有中学生	还有小学生
她有时候不想学习	不想吃饭
不但学生不喜欢考试	老师也不喜欢考试
喜欢上网聊天的人不但有年轻人	还有老年人
日本的漫画不但孩子喜欢看	大人也喜欢看

(1) _____。
(2) _____。
(3) _____。
(4) _____。

(5) _____。

综合练习

(一) 听句子填上空白部分。

1. 在日本,每年12月12日(　　　　)都会选出一个汉字,(　　　　)一年发生的大事。
2. 每年日本举办的汉字考试也(　　　　)了许多人参加。
3. 有人(　　　　),与26个字母的英语相比,汉字太难。
4. 孩子们可以(　　　　)看图画(　　　　)记汉字。
5. 汉字学习会(　　　　)近视眼增加。

(二) 听后根据课文判断正误,对的画"√",错的画"×"。

1. (　　)
2. (　　)
3. (　　)
4. (　　)
5. (　　)

(三) 选词填空。

(选　可惜　举办　吸引　受　贴　产生　使　仍然　考虑)

1. 他讲话很(　　　　)人。
2. 我们(　　　　)他当我们班的班长。
3. 学校每年都会(　　　　)运动会。

第2课　汉字的魅力

4. 这些书都非常好,扔了太(　　　　)了。
5. 你知道在日本什么小说(　　　　)欢迎吗?
6. 让我先(　　　　)一下。
7. 把照片(　　　　)在右上角。
8. 春天到了,天气(　　　　)很冷。
9. 怎样做才能(　　　　)大家满意?
10. 我是小学才开始对汉语(　　　　)兴趣的。

(四)根据课文内容回答问题。

1. 日本每年都选出的一个汉字代表什么?
2. 日本人关心汉字吗?
3. 暴走族喜欢什么样的汉字?
4. 为什么人们对汉字感兴趣?
5. 为什么日本中小学的汉字书写一年一年往后推?
6. "包"这个汉字最早是什么意思?
7. 学习汉字有什么好处?
8. 汉字最早是什么?
9. 为什么孩子对汉字不感兴趣?大人应该怎么做?

(五)讨论:我看汉字。

小提示:
1. 你喜欢汉字吗?
2. 你认为汉字难写吗?
3. 汉字和英语字母相比,有什么特点?
4. 中国汉字和日本汉字有什么异同?
5. 你是什么时候开始学习写汉字的?

6. 你了解汉字的历史吗?

7. 你认为写汉字有什么好处?

8. 不学习汉字,只学习拼音,你觉得可以吗?

知识链接

汉字的起源与发展

汉字源远流长。它既是世界上最古老的文字之一,又是至今硕果仅存的一种方块文字。早在六千多年前,原始社会晚期,汉民族先民就在各种器物上刻画符号用来记事,以后渐渐演变成为汉字。汉字起源于图画,是可读出来的图画,称为"文字图画"或"图画文字"。后来图画越来越符号化,逐渐脱离图画,形成象形的汉字。汉字在长期演变的过程中,经历了从甲骨文到金文、篆书、隶书和楷书的发展过程,逐渐形成现代汉字。隶书的出现是古今文字的分水岭。

甲骨文				
金 文				
小 篆	日	月	車	馬
隶 书	日	月	車	馬
楷 书	日	月	车	马
草 书				
行 书	日	月	车	马

第3课　日本相扑在中国公演

课前热身

☞ 问题1：你去现场看过相扑比赛吗？
☞ 问题2：你觉得相扑有意思吗？为什么？

课　文

2004年，日本大相扑代表团来到中国公演，引起了极大轰动。

"简直不可思议"——在相扑公演活动中，中国观众说的最多的就是这句话。*当身高近两米、体重达三百斤的力士们突然出现在眼前时，着实让人们吃了一惊。而让饭店服务员们感到惊奇的是力士们惊人的饭量，一个力士的饭量*竟能抵三个普通人。

力士们在北京公演前，分别到故宫①、长城以及王府井②游览、购物。在故宫，一位二十多岁的中国姑娘看到力士后，立刻睁大了眼睛，用手捂住嘴，半天没说出话来。"他们太高大了，每个人都像山一样！"一位力士想同一名三四岁的小男孩儿合影，当他把孩子抱到自己的腿上时，小男孩儿却被这个"庞然大物"吓得哭了*起来，妈妈*连忙把孩子抱起来，安慰了好半天。

在一天的游览活动中，力士们无论走到哪里，都成为一道特殊的风景。长时间的步行也让他们感到疲惫。虽然天气很凉

爽,但力士们只在故宫走了一半,有的就已经大汗淋漓,拿起扇子扇个不停,有的甚至干脆坐在长椅上休息了 起来。

　　北京公演第一天虽然下午两点半开始,但一点刚过,观众们便早早地来到了首都体育馆③,等待着相扑力士们的到来。许多人都是全家一起来的。北京体育大学运动系的一位大学生说,他一看到大相扑来中国公演的消息,就马上买了票。他说:"能够亲眼看到相扑比赛,真是太难得了,票价虽然有点贵,但感觉很值。"

　　比赛开始前,相扑力士们首先向观众们表演了相扑的基本动作。接着,力士们又和一些中国的小学生玩儿起了游戏。一名小朋友上台后,用足了力气推力士,但无论怎么推,力士却只是笑着看着他,站在圈内,一动也不动。后来,一群孩子站到了台上,大家一起冲上前去,力士们慌忙跑到了圈外。力士和孩子们的玩耍逗得观众们哈哈大笑。

　　表演完后,正式比赛开始,力士们纷纷拿出了自己的本事一较高下。观众们的掌声和叫喊声*随着一场场精彩的比赛不断响起。

(改编自《又一次相逢在中国——记大相扑中国公演》,
原文载于2004年9月6日中国网)

第 3 课　　日本相扑在中国公演

注释：

① 故宫（Gùgōng）：北京にある明朝期、清朝期の宮殿。
② 王府井（Wángfǔjǐng）：北京の中心にある最も有名な商店街。全長約1.5km。
③ 首都体育馆（Shǒudū Tǐyùguǎn）：北京市海淀区白石橋の東にある。落成は1968年。

生　词

1. 公演	gōngyǎn	动	日本相扑在中国~；京剧即将~
2. 代表团	dàibiǎotuán	名	日本~访问中国；中国体育~入场
3. 引起	yǐnqǐ	动	~注意；~轰动；~兴趣；~矛盾
4. 轰动	hōngdòng	动	~全国；~世界的事件；造成~
5. 不可思议	bùkě sīyì		感到~；令人~
6. 达	dá	动	个子高~1.8米；中国人口多~13亿
7. 着实	zhuóshí	副	他的话~让我难过；这孩子~讨人喜欢
8. 吃惊	chī jīng		很~；感到~；吃了一惊；大吃一惊
9. 惊奇	jīngqí	形	很~；感到~；令人~
10. 饭量	fànliàng	名	~大；~小
11. 竟	jìng	副	没想到天气~这么热
12. 抵	dǐ	动	一个~两个；他一个月的收入~得上我一年
13. 普通人	pǔtōngrén	名	他只是一个~
14. 睁	zhēng	动	把眼睛~大点儿；困得眼睛都~不开了
15. 捂	wǔ	动	把耳朵~上；把眼睛~住；~着鼻子
16. 合影	héyǐng	名、动	一张~；让我们合个影，留个纪念吧

17. 庞然大物	pángrán dàwù		第一次见到这~,惊奇极了
18. 连忙	liánmáng	副	暴风雨就要来了,她~往家跑
19. 安慰	ānwèi	动	~伤心的朋友;~老人;得到~
20. 道	dào	量	一~风景;十~题;两~门
21. 步行	bùxíng	动	~上班;~十公里
22. 疲惫	píbèi	形	很~;感到~;~不堪
23. 凉爽	liángshuǎng	形	很~;感到~;天气~
24. 大汗淋漓	dàhàn línlí		跑了一万米,他~
25. 扇子	shànzi	名	一把~;用~扇一扇
26. 扇	shān	动	~扇子;~风点火
27. 干脆	gāncuì	副、形	~做完作业再去玩儿;~不去了;说话~
28. 等待	děngdài	动	~朋友;~回信;耐心~
29. 难得	nándé	形	机会~;这是非常~的机遇
30. 动作	dòngzuò	名	舞蹈~;基本~;~优美
31. 足	zú	副	这些作业两个小时~可以完成
32. 力气	lìqi	名	~大;没~;用~
33. 圈	quān	名	画~;~外
34. 群	qún	量	一~人;一~马;一~蜜蜂
35. 冲	chōng	动	往前~;~过去;~出教室
36. 慌忙	huāngmáng	形	走得~;~离开
37. 玩耍	wánshuǎ	动	自由地~;小时候我们一起~过
38. 哈哈大笑	hāhā dàxiào		他说话很幽默,大家忍不住~
39. 纷纷	fēnfēn	副	同学们~举手发言;人们~走进会场
40. 本事	běnshi	名	他~很大;他没这个~;练了一身~
41. 一较高下	yījiào gāoxià		他们今天要~
42. 随着	suízhe	介	~经济的发展,出国旅行的人越来越多

| 43. 不断 | bùduàn | 副、动 | ~进步；~提高；灾害~ |
| 44. 响 | xiǎng | 动 | 铃~了；闹钟不~了 |

语言点

1. 简直

△"简直不可思议"——在相扑公演活动中,中国观众说的最多的就是这句话。

◎解释：强调完全如此或差不多如此,含夸张语气。

＊解説：まったくそうであるか、ほぼそういう状態であることを強調する。大げさなニュアンスが出る。

◇例句：(1) 他画的马简直像真的一样。

(2) 我简直不知道怎么办才好。

(3) 那年夏天,雨下得简直太少了。

(4) 他不是在走,简直是在跑。

【练习】根据情景,模仿例子,用"简直"对话。

例：A和B谈昨天的天气,B认为风太大了,连走路都很困难。

A：昨天的天气太不好了。

B：是啊,风简直太大了,连走路都很困难。

情景一：A和B正在谈长城,B认为长城太雄伟(xióngwěi,雄大である)了。

A：＿＿＿＿＿＿＿＿＿＿＿＿＿＿＿＿＿＿＿＿＿＿＿。

B：＿＿＿＿＿＿＿＿＿＿＿＿＿＿＿＿＿＿＿＿＿＿＿。

情景二：孩子考试结束以后回到家,妈妈问考试的情况,孩子认为考试题太难了,很担心自己的成绩。

A: _____。

B: _____。

情景三：渡边看完京剧后，王峰问渡边的感受。渡边认为京剧太美了，以后有机会还想去看。

A: _____。

B: _____。

2. 当……时

△当身高近两米、体重达三百斤的力士们突然出现在眼前时，着实让人们吃了一惊。

◎解释："当……时"表示事件发生的时间。

＊解说：まさにそれが起こっている時であることを示す。

◇例句：(1) 当他把孩子抱到自己的腿上时，小男孩儿却被这个"庞然大物"吓得哭了起来。("V起来"请看本课语言点4)

(2) 当我回来时，他已经睡了。

(3) 当他出国时，女朋友已经跟他分手了。

(4) 当我看到他时，他正在跟朋友一起喝酒。

【练习】分别从A、B中选择合适的词语，用"当……时"连接起来，根据需要可适当增减词语。

A	B
登上长城	HSK已经达到了六级
结婚	简直太高兴了
写完作业	爸爸妈妈正在吵架
毕业	感到特别兴奋
买到自己喜欢的手机	已经40岁了
回家	已经12点了

(1) _____。
(2) _____。
(3) _____。
(4) _____。
(5) _____。

3. 竟

　　△一个力士的饭量竟能抵三个普通人。

　　◎解释:"竟"表示出乎意料,后边跟动词或形容词。

　　＊解説:意外であることを示す。動詞か形容詞が後ろに置かれる。

　　◇例句:(1) 这么重要的事,他竟忘了。
　　　　　(2) 考试的时候,他竟迟到了。
　　　　　(3) 我没想到,他竟有五个女朋友。
　　　　　(4) 他虽然胖,但跑步速度竟快得惊人。

【练习】从B中选择合适的短语与A组合成句子,其中要用到"竟"。

A	B
京剧很难	一个中国人唱得这么好
	一个日本人唱得这么好
他平时学习非常努力	这次HSK考试,他过了六级
	这次HSK考试,他没过六级
他吃了很多药	病好了
	病没好
他们感情一直很好	结婚了
	分手了

A	B
甲队比乙队的水平高很多	这次比赛甲队赢了
	这次比赛甲队输了

例句:京剧很难,一个日本人竟唱得这么好。

(1) _____。
(2) _____。
(3) _____。
(4) _____。

4. 动词+起来₁

　　△小男孩儿却被这个"庞然大物"吓得哭了起来。

　　◎解释:"动词+起来₁"表示动作开始,并有继续下去的意思。动词和"起来"中间一般不能加入"得、不"。有宾语时为"动词+起+宾语+来"。

　　＊解説:ある動作が始まり、そのまま継続することを表す。基本的に、動詞と「起来」の間には「得」や「不」は入れられない。目的語がある場合、語順は「動詞＋起＋目的語＋来」となる。

　　◇例句:(1) 有的甚至干脆坐在长椅上休息了起来。
　　　　　(2) 老师不在教室的时候,她跟同学聊了起来。
　　　　　(3) 大家听了他的故事,都笑了起来。
　　　　　(4) 一下课,孩子们就唱起歌来。

【练习】选择合适的词,然后用"起来"完成句子。

（忙　紧张　担心　哭　聊　玩）

(1) 她一听说男朋友要跟她分手,她就_____。
(2) 孩子很晚还没有回家,妈妈_____。

第3课　日本相扑在中国公演

（3）老朋友很久没见面了，一见面就_____。

（4）孩子没有做完作业就_____，妈妈很生气。

（5）同学们一说到考试就_____。

（6）新年过去了，公司里的人又_____。

5. 连忙

△小男孩儿却被这个"庞然大物"吓得哭了起来，妈妈连忙把孩子抱起来，安慰了好半天。

◎解释："连忙"表示迅速行动，常用于陈述句的后一部分，强调两个动作或事情之间的时间间隔很小，只能用于陈述句，不能用于祈使句。

＊解説：素早く次の行動を起こすことを表す。通常、叙述句の後に置かれ、二つの動作、事柄が間隔をおかずに発生することを強調する。

◇例句：（1）早上闹钟一响，他连忙从床上爬了起来。

（2）听到这里，他连忙点头表示同意。

（3）小王突然不舒服，我们连忙送他去了医院。

（4）客人一坐下，妈妈连忙给他倒茶。

【练习】用"连忙"完成句子。

（1）听说自己喜欢的电影上映了，他_____。

（2）一接到女朋友的电话，他_____。

（3）听到有人敲门，_____。

（4）下雨了，_____。

（5）孩子哭了，_____。

（6）在街上，忽然看到喜欢的电影明星，_____。

6. 随着

△观众们的掌声和叫喊声<u>随着</u>一场场精彩的比赛不断响起。

◎解释:"随着"引出行为状态变化的条件,后面必带宾语。

＊解説:物事の発展や変化の前提条件や原因を示し、後ろは必ず目的語が必要である。普通、文頭に置かれ、「名詞＋的＋動詞」構造の目的語をとる。

◇例句:(1)<u>随着</u>城市的发展,房价也越来越高。
　　　(2)随着年龄的增长,小女儿越来越漂亮了。
　　　(3)人们的生活水平随着经济的发展而提高。
　　　(4)石油的价格随着国际形势的变化在不停地涨落。

【练习】选择在A条件下,会出现B中的哪些变化,然后用"随着"完成句子。

A	B
年龄的增长	个子越来越高
	个子越来越矮
	身体越来越差
	社会经验越来越丰富
	朋友越来越多
	朋友越来越少
经济的发展	环境污染越来越严重
	人们的生活水平越来越高
	世界变得越来越小
	人与人之间的关系越来越远
	人们对传统越来越不重视

第3课　日本相扑在中国公演

例：随着年龄的增长，他儿子的个子越来越高。

(1) _____。
(2) _____。
(3) _____。
(4) _____。
……

综合练习

(一) 听句子填上空白部分。

1. 2004年，日本大相扑代表团来到中国公演，(　　　)了极大轰动。

2. "(　　　)不可思议"——在相扑公演活动中，中国观众说的最多的就是这句话。

3. 力士们在北京公演前，(　　　)到故宫、长城以及王府井游览、购物。

4. 他们太(　　　)了，每个人都像山一样！

(二) 听后根据课文判断正误，对的画"√"，错的画"×"。

1. (　　)
2. (　　)
3. (　　)
4. (　　)
5. (　　)

(三) 选词填空。

（引起　轰动　着实　安慰　疲惫　难得　慌忙　玩耍）

1. 她正伤心,你去(　　　)她一下吧。
2. 进入到最后的面试时,我已经感觉十分(　　　)了。
3. 一个6岁的小孩儿在父亲的店里(　　　)。
4. 一天上午,我正在单位工作,忽然妻子(　　　)地跑来告知家中被盗。
5. 这个机会太(　　　)了。
6. 这话(　　　)令人吃惊！
7. 这件事(　　　)一些人的反对。
8. 这件事(　　　)了当时的科学界。

(四) 根据课文内容回答问题。

1. 为什么中国观众看过相扑公演后,认为简直"不可思议"？
2. 力士们在北京公演前去了哪儿？发生了哪些有意思的事？
3. 大相扑北京公演是什么时间开始的？
4. 看相扑的观众多吗？
5. 比赛开始前,相扑力士和孩子们玩儿了什么游戏？

(五) 自由表达：我看相扑。

提示：

1. 你和你的家人都喜欢看相扑吗？
2. 你们为什么喜欢(不喜欢)看相扑？
3. 在日本,现在想当"力士"的人多吗？

第3课　日本相扑在中国公演

4. 听说外国人想当"力士"的越来越多,有这事吗?有哪个国家的？为什么?
5. 相扑是日本传统文化之一,大家讨论一下"相扑的未来"。

知识链接

国家大剧院

中国国家大剧院位于北京市中心天安门广场西,人民大会堂西侧,西长安街以南。大剧院造型新颖、前卫,构思独特,是传统与现代、浪漫与现实的结合。剧院内有四个剧场,中间为歌剧院,东侧为音乐厅,西侧为戏剧场,南门西侧是小剧场,四个剧场既完全独立又通过空中走廊相互连通。歌剧院主要演出歌剧、芭蕾、舞剧,有观众席2416席;音乐厅主要演出交响乐、民族乐、演唱会,有观众席2017席;戏剧场主要演出话剧、京剧、地方戏曲、民族歌舞,有观众席1040席;小剧场观众座位556席,上演室内乐、小型独奏独唱、小剧场话剧、现代舞等。

（转自国家大剧院官网http://www.chncpa.org/cgyl_278/jyjg/）

第4课　共植中日友好之树

课前热身

☞ 问题1：中国每年3月12日是植树节，你听说过吗？
☞ 问题2：日本的森林覆盖率很高，你知道为什么吗？

课　文

　　3月16日至22日，东京青年会议所绿化合作访华团一行58人，应中华全国青年联合会（"全国青联"）①的邀请，访问了北京、西安和河南省灵宝市，与中国青年一起，在灵宝市种下了一株株小树苗。这些树苗不仅将绿化黄土高原②，也将在中日青年心中培养相互了解的绿化带。

　　代表团中有38名成人团员，他们大多是25岁到40岁的年轻人，都是自费到中国参加植树活动的。58岁的都筑幸欲先生是代表团中年龄最大的，他已是第三次来灵宝。和前两次不同，他这次是和夫人一起来的。他想让妻子亲身感受中国生态建设的重要，让她知道自己参与的活动有多么伟大。在黄河岸边，他们共同植下一棵"夫妻树"，*并表示以后要经常来看看他们爱情的象征。

　　*当年亲手栽下的只有30公分高的树苗，现在竟长成了3米多高的大树，日本东京青年会议所前任理事长盐泽好久感慨万千，*不禁流下了热泪。

第4课　共植中日友好之树

来自东京大学的天儿泰隆兴奋地用中文说："真是太高兴了！在东京时我还担心，中国人会用什么态度对待我们。到中国后发现人们都很友好，我很喜欢他们。"

像天儿泰隆一样到中国植树的还有其他15名日本大学生。他们和中国的16名大学生一起，在黄河岸边种下了一株株代表着中日友谊的树苗。

今年2月，日本东京青年会议所通过网络向东京各名牌大学发出招募信息，立即引起日本几十所一流大学优秀学生的重视，1000多人报名，是5年来规模最大的一次。在极其寒冷的面试现场，学生们都非常认真，从下午1时30分到6时结束，没有一个人放弃面试提前离开。

东京青年会议所从2001年起开始招募大学生。第一期招募12名学生，报名的就有60多名。相形之下，越来越看出日本年轻一代对日中关系和两国环保交流的广泛关注和期盼。

学生是最容易沟通的。刚一见面，他们就找到了各自的伙伴，兴奋地交流起来。为了来中国，早稻田大学的三浦崇宏在东京就买了学汉语的书，并随时带在身上。没多久，他已经把"好吃，谢谢"说得相当熟练了。

短短四天的交流活动即将结束。青山学院大学的柴田贤一说："这次活动会影响我们整个一生。……"来自北京理工大学的羊强振和三浦崇宏紧紧拥抱在一起，眼睛湿润了，*而女生们早已泣不成声。在人们的*再三催促下,他们才依依不舍地拥抱告别:"我们永远是朋友!"

(供稿:《人民中国》杂志,作者:张春侠)

注释:

① 中华全国青年联合会(Zhōnghuá Quánguó Qīngnián Liánhéhuì):中華全国青年連合会、略称「全国青联」。1949年5月4日成立。

② 黄土高原(Huángtǔ Gāoyuán):中国の中ほど、やや北よりにあり、面積約40万㎢、海拔1000から1500m。山西省、陕西省、甘肃省、青海省、宁夏回族自治区、河南省等にまたがっている。

生　词

1. 合作	hézuò	动	～研究;～开发;分工～;～得很好
2. 一行	yīxíng	名	代表团～五人
3. 应	yìng	动	～中国国家主席的邀请;～读者需要
4. 株	zhū	量	一～树苗;院中有果树三四～
5. 树苗	shùmiáo	名	一棵～;爱护～
6. 将	jiāng	介	～书包放下;～门打开
7. 培养	péiyǎng	动	～孩子;～好习惯;好好～
8. 绿化带	lǜhuàdài	名	行人不能走～;～变宽了
9. 植树	zhí shù		义务～;～节
10. 亲身	qīnshēn	形	～体会;～经历;～感受
11. 参与	cānyù	动	～这项工作;让他们～进来
12. 象征	xiàngzhēng	动、名	鸽子～和平;友谊的～;爱情的～

第4课　共植中日友好之树

13. 亲手	qīnshǒu	副	~制作；我~为朋友做饭
14. 栽	zāi	动	~树；~花
15. 感慨万千	gǎnkǎi wànqiān		让我~；不禁~
16. 不禁	bùjīn	副	~流下泪来；~哭了起来
17. 热泪	rèlèi	名	流下~；~盈眶（yíngkuàng）
18. 对待	duìdài	动	认真~爱情；这个问题要认真~
19. 名牌	míngpái	名	~手表；喜欢~；买~
20. 招募	zhāomù	动	~志愿者；~技术工人
21. 一流	yīliú	形	~大学；~人才；~的技术
22. 规模	guīmó	名	~很大；大~公演
23. 极其	jíqí	副	~重要；~重视；~困难
24. 面试	miànshì	动	参加~；接受~；~技巧
25. 现场	xiànchǎng	名	~直播；~演示；事故~
26. 放弃	fàngqì	动	~原来的计划；~机会
27. 提前	tíqián	动	~开会；~到达；~一个小时
28. 相形之下	xiāng xíng zhī xià		~，还是你的办法好
29. 环保	huánbǎo	名	重视~；~问题；~袋
30. 广泛	guǎngfàn	形	~关注；~宣传；~的代表性
31. 关注	guānzhù	动	引起~；~社会问题
32. 期盼	qīpàn	动	~世界和平；~国家统一
33. 沟通	gōutōng	动	互相~；~思想；~两国文化
34. 各自	gèzì	代	~回家；~准备
35. 熟练	shúliàn	形	~工人；工作；非常~
36. 即将	jíjiāng	副	~毕业；~回国；~完成
37. 紧	jǐn	形	~~拥抱；~~握住对方的手
38. 拥抱	yōngbào	动	热情~；~亲人；互相~

中日桥汉语 中级上

39. 湿润	shīrùn	形	空气~；眼睛~
40. 泣不成声	qì bù chéng shēng		爱犬死了，她伤心得~
41. 再三	zàisān	副	~道谢；~表示决心
42. 催促	cuīcù	动	~他尽快来；在……的再三~下
43. 依依不舍	yīyī bù shě		要离开父母，他~；~地离开了北京

语言点

1. 并

△在黄河岸边，他们共同植下一棵"夫妻树"，并表示以后要经常来看看他们爱情的象征。

◎解释：表示更近一层的意思，连接小句时，后一小句的主语要承前省略。"并"也常用于连接并列的双音节动词。

＊解説：前後する二つの動詞やフレーズを「しかも」、「その上」という関係で前から後につなぐ。主語はそのままで変わらないため省略される。通常、後ろには並列する複音節動詞がつながる。

◇例句：(1) 山本同学买了汉语词典，并随时带在身上。
(2) 他回到了办公室，并告诉小李他明天不来了。
(3) 要继续保持并发扬优秀的民族传统。
(4) 会议讨论并通过了今年的工作计划。

【练习】分别从A、B中选择合适的短语，用"并"连成一句话。

A	B
老师修改了我的论文	给我带来了很多好吃的
医生给他做了检查	认识了一个漂亮的女朋友

第4课　共植中日友好之树

他租了房子　　　　　　给我介绍了几本书
妈妈利用假期来看我　　付了一年的房租
哥哥找到了理想的工作　认识了很多名人
他参观了那个聚会　　　给他开了一些药

例：老师修改了我的论文,并给我介绍了几本书。
（1）_____。
（2）_____。
（3）_____。
（4）_____。
（5）_____。
（6）_____。

2. 当年

△<u>当年</u>亲手栽下的只有30公分高的树苗,现在竟长成了3米多高的大树。

◎解释：读dāngnián,表示过去发生某件事的时候；读dàngnián,表示本年、同一年,指某事与前述事件发生在同一年。

＊解説："dāngnián"と、過去事件が発生した時期を表示します。当時。"dàngnián"と、先述べた事件かある事件が発生する時期と同じ年を表示します。その年のうち、その年。

◇例句：（1）孙中山先生<u>当年</u>(dāngnián)办的大学就叫中山大学。

（2）<u>当年</u>(dāngnián),爸爸、妈妈是通过朋友的介绍认识的。

（3）他大学毕业后,<u>当年</u>(dàngnián)就考上了研究生。

（4）她结婚后,<u>当年</u>(dàngnián)就有了孩子。

【练习】下面句子中的"当年"指的是什么时候。

(1) 我和小王是大学同学,当年他是我们班最胖的同学,可现在他只有40公斤了。

当年=＿＿＿＿＿＿＿＿＿＿＿＿＿＿＿＿＿＿＿＿＿＿

(2) 我非常喜欢张艺谋的电影,记得当年《红高粱》上映的时候引起了极大的轰动。

当年=＿＿＿＿＿＿＿＿＿＿＿＿＿＿＿＿＿＿＿＿＿＿

(3) 1919年,他建立了这所大学,当年只招了100个学生。

当年=＿＿＿＿＿＿＿＿＿＿＿＿＿＿＿＿＿＿＿＿＿＿

(4) 1976年中国发生了唐山大地震,当年出生的很多孩子名字中都有一个"震"字。

当年=＿＿＿＿＿＿＿＿＿＿＿＿＿＿＿＿＿＿＿＿＿＿

3. 不禁

△日本东京青年会议所前任理事长盐泽好久感慨万千,不禁流下了热泪。

◎解释:表示动作行为或感情不由自主地产生。常用于动宾词组、主谓词组和带"起来"等词语的动词词组之前,多用于书面语。

＊解説:動作や感情が思わず出ることを示す。普通、動詞＋目的語構造や主述文で、「起来」・「下去」などを伴う動詞構造の前に置かれ、書き言葉で多く用いられる。

◇例句:(1) 新同学活泼、开朗,大家对他不禁产生了好感。

(2) 听说每个人都得表演,小赵不禁心里非常紧张。

(3) 听到这个坏消息,家里人不禁哭了起来。

(4) 孩子们听着音乐,不禁跳起舞来。

第4课　共植中日友好之树

【练习】（一）判断下列句子哪个是错的，然后改正。

（1）老刘爱听表扬，一听到表扬，就不禁头脑发热。（　）

（2）看到精彩的表演，观众不禁鼓掌。（　）

（3）他用错了成语，在场的人都不禁哈哈大笑起来。（　）

（4）拿到新年礼物后，孩子们不禁跳。（　）

【练习】（二）用"不禁"完成下列句子。

（1）他得知母亲去世的消息＿＿＿＿＿＿＿＿＿＿＿＿＿。

（2）孩子们拿到圣诞节礼物后高兴得＿＿＿＿＿＿＿＿＿＿＿。

（3）看到相扑力士精彩的表演，观众＿＿＿＿＿＿＿＿＿＿＿。

（4）第一次请女孩子跳舞，他＿＿＿＿＿＿＿＿＿＿＿＿＿。

4. 而

　　△来自北京理工大学的羊强振和三浦崇宏紧紧拥抱在一起，眼睛湿润了，而女生们早已泣不成声。

　　◎解释：是连词，用于后一句句首，表示转折或相对、相反的两件事，多用于书面。

　　＊解説：接続詞。後節の句頭に置かれ、逆接を示したり、相対する二者、相反する二者を表す。書き言葉で多く用いられる。

　　◇例句：（1）这里已经春暖花开，而北方还是大雪纷飞的季节。

　　　　　（2）伤心的时候，男同学常常出去喝酒，而女同学常常给妈妈打电话。

　　　　　（3）周末孩子们喜欢出去玩儿，而父母喜欢呆在家里。

　　　　　（4）在中国最重要的节日是春节，而在日本最重要的节日是新年。

【练习】分别从 A、B 中选择合适的短语，用"而"连接成一句话。

A	B
南方温和湿润	安娜坚持每天早起读课文
南方人爱吃米饭	北方人爱吃咸
南方人爱吃辣	北方寒冷干燥
约翰每天喜欢睡懒觉	妹妹内向害羞
小李酷爱摇滚乐	北方人爱吃面食
姐姐性格开朗活泼	他的双胞胎弟弟喜欢安静的民乐

例：南方温和湿润，而北方寒冷干燥。

（1）_____。
（2）_____。
（3）_____。
（4）_____。
（5）_____。

5. 再三

△ 在人们的<u>再三</u>催促下，他们才依依不舍地拥抱告别。

◎ 解释：表示一次又一次，用于动词前，作状语。注意：不是所有的动词前都可以放"再三"，只能是"由动作发出者主观决定、自由支配的动作行为"类动词前才可以，比如"催促、鼓励、嘱咐、要求、解释、指出、劝告、道歉、声明、坚持、否认"等等。

＊解説：一度ならず繰り返されることを表す。動詞の前に用い副詞的に用いる。ただし、すべての動詞の前に置けるわけではなく、「動作の主体による主観的決定や自由意志による行動」を示す動詞、例えば「催促、激励、言いつけ、要求、説明、指摘、忠告、詫び、声明、主張、否認」などの前に限られる。

第4课　共植中日友好之树

◇例句：(1) 妈妈再三嘱咐我要当心身体。
　　　　(2) 在父母的再三要求下,他才不抽烟。
　　　　(3) 我再三解释,领导就是不听。
　　　　(4) 医生再三劝告病人:一定要注意休息。

【练习】用"再三"改写下面的句子。

(1) 经过多次考虑,他决定到中国留学。

　　_____。

(2) 虽然孩子多次道歉,父母还是不能原谅他。

　　_____。

(3) 他多次声明,他与该公司没有任何关系。

　　_____。

(4) 山本多次坚持,她才收下这份礼物。

　　_____。

(5) 很多人都认为她跟比自己大40岁的人谈恋爱是为了钱,但是她多次否认这一说法。

　　_____。

综合练习

(一) 听句子填上空白部分。

1. 代表团中有(　　　)名成人团员,他们大多是(　　　　)岁到(　　　)岁的年轻人,都是自费到中国参加植树活动。
2. 和(　　　)不同,他这次是和夫人一起来的。
3. 当年亲手栽下的只有(　　　)公分高的树苗,现在竟长成了( )米多高的大树。

4. 像天儿泰隆一样到中国植树的还有其他( )名日本大学生。

5. 东京青年会议所从( )年起开始招募大学生。第一期招募( )名学生,报名的就有60多名。

(二) 听后根据课文判断正误,对的画"√",错的画"×"。

1. ( )
2. ( )
3. ( )
4. ( )
5. ( )

(三) 选词填空。

(催促　培养　象征　亲身　计划　放弃　极其　再三　合作　沟通)

1. 这种分组可以帮助同学们建立友谊和( )关系。

2. 从小( )孩子广泛的兴趣和爱好,这似乎是每个家长的愿望。

3. 其实我自己的( )经历也证明了这一点。

4. 富士山早已成为日本的( )。

5. 中山大学99年的招生( )仅为60人,而当年的报考人数却近千人。

6. 除了水资源不足之外,世界还有一个( )重要的问题:人口问题。

7. 我当年想(　　　　)学习汉语。

8. 语言是一种人与人(　　　　)的工具。

9. 我经过(　　　　)考虑,决定到中国留学。

10. 我大学毕业后,在父母的(　　　　)下,不得不想结婚的事。

(四) 根据课文内容回答问题。

1. 日本访华团有多少人？他们访问了哪儿？做了什么？

2. 代表团中大部分都是年轻人吗？为什么自费来中国？

3. 盐泽为什么流泪了？

4. 日本东京青年会所的招募消息是否引起了大学生的重视？为什么？

5. 为什么三浦崇宏很快就把"好吃""谢谢"说得相当熟练了？

6. 活动结束后,大家分别时的情景怎么样？

(五) 成段表达:谈朋友。

1. 你有几个好朋友？有中国朋友吗？

2. 你们是怎么成为好朋友的？

3. 你们之间有什么相同和不同的地方？

4. 你认为朋友之间最重要的是什么？

(六) 学唱中国歌(先查字典读歌词,然后跟老师唱)。

朋　友

这些年一个人　　风也过雨也走　　有过泪有过错　　还记得坚持什么　　真爱过才会懂　　会寂寞会回首　　终有梦终有你　　在心中　　朋友一生一起走　　那些日子不再

| 有 | 一句话一辈子 | 一生情一杯酒 | 朋友不曾孤单 |
| 过 | 一声朋友你会懂 | 还有伤还有痛还要走 | 还有我 |

知识链接

植树节

"植树节"是一些国家以法律形式规定的以宣传森林效益,并动员群众参加造林为活动内容的节日。按时间长短可分为植树日、植树周或植树月,总称植树节。通过这种活动,可以激发人们爱林、造林的感情,提高人们对森林功用的认识,促进国土绿化,达到爱林护林和扩大森林资源、改善生态环境的目的。中华人民共和国成立以后,全国人民代表大会常务委员会第五届第六次会议于1979年2月决定每年3月12日为植树节。

第5课　蓝天上架起的友谊桥

课前热身

☞ 问题1：你坐过哪个航空公司的飞机？感觉如何？
☞ 问题2：你觉得空姐的工作怎么样？

课　文

　　笑容甜美的中国女孩儿章迪①，从小就梦想当空姐。22岁那年，她走进了日本航空公司②（JAL）的培训教室。经过严格的培训后，章迪终于穿上了漂亮的空姐制服。"同事见到我的第一句话就是：欢迎加入JAL大家庭。当时，我倍感温馨。"章迪说。

　　章迪的机遇来自中日两国民航业③的交流。1974年4月20日，中日两国政府在北京签订了协议，日本航空公司成为日方的指定航空公司。9月29日，日本航空公司首架飞往中国的定期航班从东京起飞，抵达北京。

　　在此*之前，日本航空公司已多次往来于中日*之间。1972年9月，日本首相田中角荣④就是乘坐该公司的专机来到北京，与周恩来⑤总理签订了《中日联合公报⑥》，*从而实现了中日邦交⑦正常化。后来，中国向日本赠送大熊猫⑧、日本相扑运动员访华等，搭乘的也都是日本航空公司的航班。

　　到今天，中日通航已32年了。当年，日航只建立了北京和上海两条航线。现在，日航已经在中国开通了30条航线，成为在

中国开通航线最多的国家。*据统计,2003年,往返于中日两国的331.59万人次中,乘坐日航的旅客超过1/3。近两年,每年乘坐日航在中日间往来的旅客突破了150万人次。日航已经成为连接中日两国最大的一座空中桥梁。

在拓展中国市场的同时,日航还积极开展两国的文化交流事业。2002年10月,日航赞助日本歌星在北京举办演唱会,庆祝中日邦交正常化30周年。2004年,在"日本大相扑中国公演"活动中,日航再次成为主要赞助者之一。*此外,日航还推出*以西安为主的"王朝街道"旅游项目,将中国的历史文化介绍到日本,吸引更多的日本游客来到中国。

随着中国经济的高速发展,中国出境人数不断增长。日航利用自己的美洲⑨、澳洲⑩和欧洲⑪航线为中国公民提供服务,使中国公民有更多的出国选择。

(2006年11月7日中国网,来源:《人民中国》,作者:沈晓宁)

注释:

① 章迪(Zhāng Dí):人名。
② 航空公司(hángkōng gōngsī):航空会社。
③ 民航业(mínhángyè):民用航空业。軍用と区別する用語。
④ 田中角荣(Tiánzhōng Jiǎoróng):1918-1993。日本の政治家。もと衆議院議員、第64代・65代内閣総理大臣。
⑤ 周恩来(Zhōu Ēnlái):1898-1976。中国無産階級革命家、政治家、軍事家、外交家。中国共産党および中華人民共和国最高指導者の一人。中

第5课　蓝天上架起的友谊桥

国人民解放军の創設にも携わった。
⑥ 联合公报(liánhé gōngbào)：共同声明。
⑦ 邦交(bāngjiāo)：国交。
⑧ 大熊猫(dàxióngmāo)：ジャイアントパンダ。日中国交正常化に際し、上野動物園にランラン(雄)とカンカン(雌)が贈られた。
⑨ 美洲(Měizhōu)：アメリカ州。
⑩ 澳洲(Àozhōu)：オセアニア州。
⑪ 欧洲(Ōuzhōu)：ヨーロッパ州。

生　词

1.	架	jià	动、量	~桥；~电线；一~飞机
2.	笑容	xiàoróng	名	~满面；~甜美
3.	甜美	tiánměi	形	味道~；~的微笑
4.	培训	péixùn	动	~新员工；~技术工人；~班
5.	制服	zhìfú	名	学生~；警察~；一套/件/身
6.	同事	tóngshì	名	他是我的~；他俩是~
7.	倍感	bèigǎn		~亲切；~自豪；
8.	温馨	wēnxīn	形	~的家庭；感到很~
9.	机遇	jīyù	名	抓住~；难得的~
10.	签订	qiāndìng	动	~条约；~合同
11.	协议	xiéyì	名	达成~；签~；口头~
12.	指定	zhǐdìng	动	~地点；~一个地方；由……~
13.	定期	dìngqī	形	~航班；~检查；~举行会议
14.	航班	hángbān	名	国际~；~信息
15.	抵达	dǐdá	动	~目的地；按时~

16.	从而	cóng'ér	连	不努力学习会影响你的毕业，~影响你求职
17.	赠送	zèngsòng	动	~纪念品；~给老师
18.	搭乘	dāchéng	动	~飞机；~CA926航班
19.	通航	tōngháng	动	首次~；已经~了
20.	航线	hángxiàn	名	沿海~；空中~
21.	开通	kāitōng	动	~航线；~博客；~网上银行
22.	往返	wǎngfǎn	动	~于北京与东京之间
23.	人次	réncì	量	上海世博会每天接待观众20多万~
24.	超过	chāoguò	动	~对方；~世界水平；~原来的产量
25.	突破	tūpò	动	~百万；~难关；是很大的~
26.	连接	liánjiē	动	网络~；~在一起
27.	拓展	tuòzhǎn	动	~事业；积极~
28.	积极	jījí	形	工作~；~参加；十分~
29.	开展	kāizhǎn	动	~体育运动；~交流活动
30.	事业	shìyè	名	一项~；教育~；伟大的~
31.	赞助	zànzhù	动	得到~；拉~；~商
32.	歌星	gēxīng	名	成为~；男~；日本~
33.	演唱会	yǎnchànghuì	名	看~；听~；举办~
34.	周年	zhōunián	名	成立十~；毕业二十~聚会
35.	再次	zàicì	副	~表示感谢；~来到日本
36.	此外	cǐwài	连	我去过英国、美国，~还去过德国。
37.	推出	tuīchū	动	~新的产品/方案/节目
38.	高速	gāosù	形	~发展；~公路
39.	出境	chū jìng		~人数；~手续
40.	增长	zēngzhǎng	动	人口~；~见识；高速~

第5课　蓝天上架起的友谊桥

语言点

1. 之前、之间

△在此<u>之前</u>，日本航空公司已多次往来于中日<u>之间</u>。

◎解释："之前"表示在某个时间的前面，多用于书面，与其相对的是"之后"。"之间"表示在两点（两个时间、地点、年龄、人物、数量、国家……）距离以内。

＊解説:「之前」は、時間的に「〜の前」であることを示し、書き言葉で多く用いられる。その逆は「之後」。「之間」は二者（時間・地点・年齢・人・数量・国など）の間であることを示す。

◇例句：（1）去年国庆节<u>之前</u>，我还在上海。

（2）五分钟<u>之后</u>，她真的来了。

（3）价格大约在一百到二百元<u>之间</u>。

（4）好朋友<u>之间</u>不用客气。

【练习】就下列问题采访你的同学，并填表。

采访题目	采访结果	与自己的想法是否相同
毕业之前的计划		
毕业之后的计划		
结婚之前的计划		
结婚之后的计划		
朋友之间最重要的是什么		
夫妻之间最重要的是什么		

2. 从而

△1972年9月,日本首相田中角荣就是乘坐该公司的专机来到北京,与周恩来总理签订了《中日联合公报》,从而实现了中日邦交正常化。

◎解释:书面语,一般用于后一小句的开头,表示结果或目的。

＊解説:書き言葉。普通、後節の句頭に置かれ、結果や目的を表す。

◇例句:(1)他坚持热心帮助别人,从而受到了领导的表扬。

(2)通过调查研究发现问题,从而找到解决问题的方法。

(3)国家改变了经济政策,从而加快了经济的发展。

(4)许多大学生希望多掌握一些技能,从而为就业做好准备。

【练习】请将"从而"放在下列句中合适的位置。

(1)科学家曾在1955年成功地预报了堪察加半岛的一次火山爆发,减轻了损失。

(2)大学生应该打工,一方面可以增加社会经验,另一方面也可以挣一点儿钱,可以减轻家庭的经济负担。

(3)如果对学习有兴趣,就能集中注意力,克服各种困难,取得较好的学习效果。

(4)做梦就会使睡眠质量不高,影响生活质量。

(5)如果老师要求太低,学生容易放松对自己的要求,养成不良的品质与习惯,也不利于身心发展。

(6)她经常为了减肥吃很多药,使身体变得越来越差。

3. 据+动词

△据统计,2003年,往返于中日两国的331.59万人次中,乘坐日航的旅客超过1/3。

第5课　蓝天上架起的友谊桥

◎解释:"据……"指出得出某种论断的凭借或依据,后边跟动词或小句,动词有"统计、说、估计、了解、报道、调查"等,多用于书面。

＊解説:「据～」の形で、論を導き出す手がかりや根拠を示す。後ろに動詞や節が続く。後ろに来る動詞には「统计、说、估计、了解、报道、调查」等があり、書き言葉で多く用いられる。

◇例句:(1)据统计,农村人口增长率在逐年下降。

(2)据说,她和父母的关系不好。

(3)据估计,今年的粮食产量将高于去年。

(4)据我了解,出事那天,他不在现场。

【练习】根据提示词语完成句子。

(1)据报道,＿＿＿＿＿＿＿＿＿＿＿＿＿＿＿。(去年　日本年度汉字)

(2)据统计,＿＿＿＿＿＿＿＿＿＿＿＿＿＿＿＿＿。(日本　中国留学生)

(3)据调查,＿＿＿＿＿＿＿＿＿＿＿＿＿＿＿。(大学生　喜欢的工作)

(4)据医生说,＿＿＿＿＿＿＿＿＿＿＿＿＿＿＿＿＿＿＿＿。(病)

(5)据了解,＿＿＿＿＿＿＿＿＿＿＿＿＿＿＿＿＿＿。(他　女朋友)

(6)据估计,＿＿＿＿＿＿＿＿＿＿＿＿＿＿＿＿＿＿＿。(学习中文　人数)

4. 此外

△此外,日航还推出以西安为主的"王朝街道"旅游项目,将中国的历史文化介绍到日本,吸引更多的日本游客来到中国。

◎解释:表示除了上面所说的事物或情况以外。如果后边是肯定形式,表示除了上面所说的,还有别的;如果后边是否定形式,表示除了上面所说的,没有别的。

＊解説:先に述べた事柄や状況以外に…だということを示す。後ろに肯定が来れば、それ以外にもあることを表し、否定がくればそれ以外は何もないことを表す。

◇例句：(1) 我去过中国，此外还去过美国、韩国。

(2) 他买了家具、电器，此外还买了些日常用品。

(3) 他一生只写过一部小说，此外没有别的作品。

(4) 学好口语，必须多说，此外没有别的好办法。

【练习】用"此外"完成对话。

(1) A：如果我去日本旅行，哪些地方应该去？
　　B：_____。

(2) A：今后你有什么打算？
　　B：_____。

(3) A：在日本，求职要准备什么？
　　B：_____。

5. 以……为主

△此外，日航还推出以西安为主的"王朝街道"旅游项目，将中国的历史文化介绍到日本，吸引更多的日本游客来到中国。

◎解释："以A为主"表示主要是A。A可以是名词、形容词或动词短语。

＊解説：「以A为主」の形で、Aが主であることを示す。Aは名詞でも形容詞でも動詞句でもよい。

◇例句：(1) 改革开放以前，中国人衣服的颜色以蓝的和绿的为主。

(2) 下周的天气以晴为主。

(3) 他练习口语的方法以跟中国人聊天为主。

(4) 参加这次会议的以学生为主。

第5课　蓝天上架起的友谊桥

【练习】用"以……为主"改写句子。

(1) 北京大学的外国留学生中,韩国学生最多。
　　_____。

(2) 中国北方人吃的最多的主食是面食,南方人吃的最多的是米饭。
　　_____。

(3) 她买的衣服大多是红色的。
　　_____。

(4) 渡边这次来中国,主要是旅游。
　　_____。

(5) 跳广场舞的人主要是老年人。
　　_____。

(6) 中国人学习最多的外语是英语。
　　_____。

综合练习

(一) 听句子填上空白部分。

1. 经过严格的培训后,章迪(　　　　)穿上了漂亮的空姐制服。

2. 1974年4月20日,中日两国政府在北京(　　　　)了协议。

3. 近两年,每年乘坐日航在中日间往来的旅客(　　　　)了150万人次。

4. 2004年,在"日本大相扑中国公演"活动中,日航再次成为主要(　　　　)者之一。

(二) 听后根据课文判断正误，对的画"√"，错的画"×"。

1. （　）
2. （　）
3. （　）
4. （　）
5. （　）

(三) 选词填空。

（培训　签订　抵达　赠送　往返　突破　开展　赞助　增长　召开）

1. 1972年11月4日中国向日本（　　　　）了大熊猫。
2. 大学生在（　　　　）就业协议时应当注意哪些问题？
3. 代表团于昨晚九点（　　　　）日本京都，开始为期3天的访问。
4. 今年3月15号日本樱花节以来，中日（　　　　）航线上的旅客越来越多。
5. 经过几天的电脑（　　　　），爷爷已经学会发电子邮件和上网聊天了。
6. 据了解，我省今年进出口总额将力争（　　　　）100亿美元。
7. 据统计，报考MBA的有7361人，与去年的4581人相比，（　　　　）了60%。
8. 麻生太郎将于北京时间周二16:00（　　　　）新闻发布会。
9. 学院现已得到四十八家中国及国外著名企业的（　　　　）。
10. 中国积极（　　　　）与发展中国家的环境合作与交流。

第5课　蓝天上架起的友谊桥

（四）根据课文内容回答问题。

1. 章迪是谁？她的梦想是什么？
2. 章迪的机遇来自于什么？
3. 1972年中日两国签订了什么？
4. 日航在中国开通的航线多吗？
5. 为了中日两国的文化交流事业，日航开展了哪些活动？
6. 未来的中国航空市场怎么样？

（五）成段表达：谈中日友谊（不少于200字）。

提示词语：

植树	友谊	航空	交流	签订	协议
大熊猫	相扑	赞助	旅游	文化	吸引
发展	出国	其实	据统计	从而	此外

以……为主

知识链接

中国大熊猫在日本

如今，大熊猫作为国礼承担着传递感情的重要作用。大熊猫作为外交礼物始于公元685年，当时唐朝女皇武则天将两只大熊猫作为国礼，赠送给日本天武天皇。大熊猫作为特殊使者，传递中国人民对邻邦的友好情谊，名垂青史。

1972年9月，中日两国建立了外交关系，中国决定赠送两只大熊猫。1972年11月4日，东京上野公园举行隆重的接受赠礼仪式。日方负责人在仪式上称:"这一对熊猫是中国人民赠送给日本国民的最好礼物,11月4日是日中两国人民友好的象征。"

1994年,成都大熊猫繁育研究基地运至日本和歌山县一对大熊猫夫妇"梅梅"和"永明",拉开了大熊猫出国合作研究的序幕。

大熊猫多次东渡日本,体现了中日两国人民一衣带水的友好情谊,也见证了中日两国长达千年的友好交往史。

(摘自《日本新华侨报》,作者:韩雪)

中国大熊猫在日本生儿育女

※『日本書紀』685年(天武14年)には、「新羅の王が馬二匹、犬三頭、鸚鵡二隻、鵲二隻を献物した」とあるのみで、パンダに相当する動物の記載は見当たらない。

第6课　我在中国感受到的变化

课前热身

☞ 问题1：和你小时候相比,日本的变化大吗？有哪些变化？

☞ 问题2：你有中国朋友吗？你和朋友的兴趣有哪些异同？

课　文

　　1987年,大三放春假的时候,我用在日本打工挣的钱,第一次来到了中国,在北京大学自费进修中文。那时天气还很冷,我住在北京大学的留学生宿舍——勺园。二十世纪八十年代中期,北京大学四周的环境还不像现在这么现代①,有点像中国北方的农村。近二十年过去了,中国的变化越来越大,包括北京大学在内的中关村②,现在已经变成了中国的"硅谷"③。

　　课余,我和一些留学生被邀请到中国的朋友家里做客,他们对我们这些陌生的客人非常热情,和我一起聊天,并教我包饺子。那时的我还不太会说汉语,但是听他们聊天,感觉很温馨、很亲切,就*如同我在家乡日本长野县一样。我和中国邻居的关系*一直很好,就像中国人常说的"远亲不如近邻"④。

　　那个年代,中国人民和日本人民之间相互了解比较少,两国之间的新闻报道也不多。而现在,中国年轻人中出现了"哈日"

族⑤，日本也出现了"汉语热"，这些都证明了两个国家的人民相互越来越感兴趣。

现在的中国年轻人和日本年轻人的兴趣越来越相近，比如日本流行的漫画和动画片，在中国也会很快受到欢迎，而且很多中国的大学生通过看漫画和动画片来学习日语。几天前，日本刚刚播完的电视连续剧，中国人通过上网和下载马上就能看到。两国年轻人也都面临着要买房、买车等等实际问题。*在生活方式和流行文化方面，大城市之间的差异越来越小，大家的看法和观念也会越来越接近。

今年6月初，我在北京首都体育馆观看了一场相扑比赛。有机会采访了日本相扑代表队中一位叫吕超⑥的中国队员。他才20岁，在北京出生长大，高中毕业后到日本留学。他对日本的传统体育运动很感兴趣，*在日本相扑教练的指导下，开始学习相扑。相扑的礼仪规则要求严格而苛刻，学习起来非常辛苦。就是日本的年轻人，学习这门艺术也不是一件容易的事情，吕超*却做得很好。两年过去了，吕超的技术水平提高很快，并达到了一定的级别。不仅如此，他还成功地融入了日本现代社会的秩序中。

第6课　我在中国感受到的变化

　　吕超努力学习日本文化的精神，给我留下了深刻的印象。虽然两国之间在某些方面还存在沟壑，但是人与人之间密切地交流与往来，拉近彼此的距离，逐渐填平这种沟壑是可能的。我想，吕超是中日文化交流与沟通的一名优秀的使者，是我学习的榜样。

　　我的愿望是能够长期在中国工作。在日本的父母对独在异乡的我很牵挂，开玩笑地说，如果我在中国有个家的话，他们就会更加放心了。

〔2004年11月24日中国网，来源：《对外大传播》杂志，
口述：小林小百合（日本），
文：朱　静　王海燕〕

注释：

① 现代(xiàndài)：ここでは形容詞（現代的な、モダンな）として用いられている。

② 中关村(Zhōngguāncūn)：地名。北京市海淀区にあり、清華大学、北京大学、中国人民大学などの名門校や中国科学院といった研究機構がある。1988年、この中関村に国家事業として中国初のハイテク産業開発地域「中関村科学技術園区」がつくられた。

③ 硅谷(Guīgǔ)：シリコンバレー。ここで、アメリカカリフォルニア州シリコンバレーにならい、ハイテク産業の中心地を意味する。

④ 远亲不如近邻(yuǎnqīn bùrú jìnlín)：遠くの親戚より近くの他人。

⑤ 哈日族(hārìzú)：日本で流行しているサブカルチャーなどに熱狂し、生活、娯楽、思想などいろいろなものを吸収し、それを模倣する若者たちを指す。

⑥ 吕超(Lǔ Chāo)：人名。日本相撲の力士。北京出身。四股名は仲の国将（なかのくにしょう）。

生 词

1. 挣	zhèng	动	~钱；~工资；~生活费
2. 进修	jìnxiū	动	~中文；在北京大学~
3. 世纪	shìjì	名	二十一~；新~
4. 年代	niándài	名	八十~；九十~
5. 中期	zhōngqī	名	六十年代~
6. 四周	sìzhōu	名	房子~；学校~
7. 课余	kèyú	名	~时间；~爱好；~生活
8. 陌生	mòshēng	形	~人；~的地方；感到~
9. 亲切	qīnqiè	形	~的谈话；感到~
10. 如同	rútóng	动	~……一样
11. 家乡	jiāxiāng	名	我的~；离开~；~的亲人
12. 相近	xiāngjìn	形	兴趣~；习俗~；比分~
13. 漫画	mànhuà	名	看~；画~；一本~
14. 动画片	dònghuàpiàn	名	看~；制作~；一部~
15. 播	bō	动	电视直~；~广告；~了三遍；转~
16. 连续剧	liánxùjù	名	看~；播~；电视~
17. 面临	miànlín	动	~困难；~危机；~挑战
18. 实际	shíjì	形	~情况；~表现；~行动
19. 方式	fāngshì	名	生活~；工作~；思维~
20. 观念	guānniàn	名	传统~；新~；家庭~
21. 接近	jiējìn	动	跟他~；难以~；~胜利
22. 采访	cǎifǎng	动	新闻~；~省长；接受~
23. 代表队	dàibiǎoduì	名	中国~；大学生~；体操~
24. 队员	duìyuán	名	足球~；一名~；优秀~
25. 教练	jiàoliàn	名	体育~；舞蹈队的~

第6课　我在中国感受到的变化

26.	指导	zhǐdǎo	动	老师~学生发音；热心~
27.	礼仪	lǐyí	名	讲究~；学习~
28.	苛刻	kēkè	形	条件~；非常~；对人~
29.	融入	róngrù	动	~社会；~主流
30.	秩序	zhìxù	名	很有~；~混乱
31.	彼此	bǐcǐ	代	~认识；~了解
32.	填平	tián píng		~鸿沟；~土坑
33.	沟壑	gōuhè	名	两者之间出现了~
34.	榜样	bǎngyàng	名	树立~；学习的~；~的力量是无穷的
35.	愿望	yuànwàng	名	主观~；良好的~；共同的~
36.	牵挂	qiānguà	动	~孩子；~亲人；十分~

语言点

1. 如同……一样

△那时的我还不太会说汉语，但是听他们聊天，感觉很温馨、很亲切，就如同我在家乡日本长野县一样。

◎解释：多用于书面语，与"像/好像……一样"意思相近，有时候"一样"可以省略。

＊解説：書き言葉に多く用いられる。「像……一様」、「好像……一様」と同じような意味で、「一様」は省略されることもある。

◇例句：(1) 他画的马如同真的一样。

(2) 这一切如同做梦(一样)。

(3) 没有爱情的婚姻如同坟墓一样。

(4) 在英国，品茶师如同法国的品酒师一样是收入颇丰的职业。

67

【练习】模仿例子，扩展练习。

例：他画的马如同真的一样。

扩展：他是中国最有名的画家之一，最擅长画马，他画的马如同真的一样，很多人都非常喜欢。

（1）做生意如同下棋一样。

扩展：

（2）对待小狗如同对待孩子一样。

扩展：

（3）如同在中式餐馆吃饺子少不了酱油、醋一样。

扩展：

2. 一直

△我和中国邻居的关系一直很好，就像中国人常说的"远亲不如近邻"。

◎解释："一直"表示一定的时间里，某种动作行为持续，没有间断或情况状态持续不变，始终如此。有时在"一直"的前后有"从""到"等介词，表示时间的起点和终点。

＊解説：一定の時間に、ある動作が中断することなく続くことや、状況・状態がそのまま変わらないことを示す。「一直」の前後に「从」や「到」等の介詞が置かれ、始点や終点を示すことがある。

◇例句：（1）这几年，他一直在坚持学习英语。

（2）雪从早上一直下到夜里才停。

（3）从小到大，他的身体一直很不好。

（4）这几天我一直很忙。

【练习】用"一直"完成句子或对话。

（1）从小到大，＿＿＿＿＿＿＿＿＿＿＿＿＿＿＿＿＿＿＿。

第6课　我在中国感受到的变化

(2) 从12岁起，_____。
(3) 毕业以后_____。
(4) A：最近你做什么呢？
　　B：_____。
(5) A：你们的作业多吗？
　　B：很多，_____。
(6) A：她的身材怎么那么好？
　　B：_____。

3. 在……方面

　　△在生活方式和流行文化方面，大城市之间的差异越来越小，大家的看法和观念也会越来越接近。

　　◎解释："在……方面"表示范围，常用于句首。

　　＊解説：範囲を表す、普通、文の冒頭に置かれる。「…において」、「…の点で」。

　　◇例句：(1) 在生活方面，你要多关心她。
　　　　　(2) 在学习方面，你要多帮助她。
　　　　　(3) 他在语言方面很有天赋。
　　　　　(4) 中国在保护环境方面做了很多努力。

【练习】根据提示，用"在……方面"说一段话。

(1) 请你谈谈汉语跟日语的不同。
　　在语音方面，_____。
　　在文字方面，_____。
　　在语法方面，_____。

(2) 请谈谈城市与农村的不同。
　　在交通方面，_____。

在环境方面，_____。
在生活方式方面，_____。

4. 在……下

△他对日本的传统体育运动很感兴趣，在日本相扑教练的指导下，开始学习相扑。

◎解释：表示处于某种条件或情况，某人或某事表现出相应的结果。"在……下"中间的动词一般为"影响、帮助、鼓励、建议、照顾、指导、支持"等。

＊解説：ある条件や状況の下に、ある人や事は相応する結果が現れるということを示す。後ろでそれに呼応する行動や結果が説明される。「在」と「下」の間に入る動詞は、普通、「影响、帮助、鼓励、建议、照顾、指导、支持」などである。

◇例句：（1）在朋友的影响下，他也到中国留学了。
（2）在大家的帮助下，我的汉语水平有了很大的提高。
（3）在老师的鼓励下，我报名参加了演讲比赛。
（4）他在心理医生的帮助下，恢复了心理健康。

【练习】用"在……下"改写下面的句子，可以适当增减词语。

（1）受父母的影响，我从小就喜欢看歌舞伎表演。
_____。

（2）听了大夫的建议，他决定休学半年。
_____。

（3）有妈妈的支持，她决定到中国留学。
_____。

（4）经过妈妈的细心照顾，孩子的病很快就好了。
_____。

第6课　我在中国感受到的变化

（5）大家都鼓励我,我决定试一试。

　　_____。

（6）经过教授指导,他的论文顺利通过了。

　　_____。

综合练习

（一）听句子填上空白部分。

1. 大三放春假的时候,我用在日本打工（　　　）的钱,第一次来到了中国。
2. 课余,我和一些留学生被（　　　）到中国朋友家里做客。
3. 他们对我们这些陌生的客人非常（　　　）,和我一起（　　　）,并教我（　　　）。
4. 现在的中国年轻人和日本年轻人的（　　　）越来越相近。
5. 很多中国的大学生通过看（　　　）来学习日语。

（二）听后根据课文判断正误,对的画"√",错的画"×"。

1. （　）
2. （　）
3. （　）
4. （　）
5. （　）

(三) 选词填空。

(挣　陌生　亲切　受到　面临　牵挂　融入　采访)

1. 当你听自己的录音时,感到(　　　)是自然的。
2. 金融危机,很多行业都(　　　)影响。
3. 他待人非常(　　　)。
4. 他就人们最关心的问题接受了记者的(　　　)。
5. 他无论走到哪里,总是(　　　)着他的病人。
6. 中国加入ＷＴＯ意味着中国开始正式(　　　)国际经济体系。
7. 中国将(　　　)机遇和挑战。
8. 做一名空姐(　　　)钱很多,但是也很辛苦。

(四) 根据课文内容回答问题。

1. "我"来中国留学时,住在哪儿?周围的环境怎么样?
2. 课余,"我"经常去做什么?
3. 二十世纪八十年代中日两国人民互相了解吗?现在呢?
4. 吕超是一个什么样的人?为什么他是"我"学习的榜样?
5. "我"的愿望是什么?

(五) 成段表达:我看中国(不少于200字)。

如果你去过中国——
1. 你去过中国的哪个城市?
2. 你对这个城市的印象怎么样?
3. 和你想象的有哪些不同?

4. 这个城市和你的家乡相比,有哪些不同?
5. 这个城市的人们生活怎么样?

如果你没有去过中国——

1. 你想去中国的哪个城市?
2. 在网上查找关于该城市的信息:文化、历史、名胜古迹、人口、大学……
3. 近三十年来,该城市的变化大吗?

知识链接

中国经济发展缘何举世瞩目

　　1981年,中国的GDP是美国的6%;2015年,也就是34年之后,中国的GDP已经是美国的60%。导致这种巨大变化的有两个原因不可忽视:一是"开放",二是"放开"。开放绝对不是简单的贸易。资本的流动、技术的流动、想法的流动,都是开放的结果。中国积极"入关""入世",是世界上最早拥抱经济全球化的发展中国家。放开是指国内改革,有两个基本要素,一是引入激励机制,二是让市场起作用。

(2016年12月19日《北京日报》,作者:钱颖一)

第7课　追求时尚的年轻人

课前热身

☞ 问题1：日本的青年人喜欢追求时尚吗？你呢？
☞ 问题2：你认为什么是时尚？为什么？

课　文

今天，上网已经成为年轻人生活中最重要的一部分。不论是学习还是娱乐，网上图书都能满足你的要求。网上购物也成为日常购物的主要方式，什么东西你都可以买到，并且质量和售后服务也有保证。在网上听歌、看电影也成为年轻人的首选。这两年就连传统的打电话、发短信也被网上聊天所代替。

以前，大多数年轻人都追求名牌，但今天的许多年轻人已经不再喜欢在大商场花大钱，而是喜欢上了一些不太有名但有特色的小店。在那里，时尚的款式、比商场低三分之一的价格，吸引着许多年轻人。

兜里的钱多了，人们问的最多的一句话是：你买房了吗？*于是"房奴"成了流行词。更*令人惊讶的是，购房已不仅是男人的梦想，女性购房热情也有很大的提高。有调查表明，约63.2%的年轻女性认为，"如果我有钱，第一件事就是买房子"。

运动也在年轻上班族中流行起来。平时工作压力较大，到了周末去运动运动，*既是锻炼身体，同时又是减轻压力、调整身

第7课　追求时尚的年轻人

心的好办法。登山,*既可以锻炼一个人的意志,又可以欣赏自然的美景和呼吸新鲜空气。开车去郊区农村也成为城里年轻人一种亲近自然的新时尚。

中央电视台①在一台晚会上*曾经让花儿乐队②表演过一次,当大张伟③大声唱起歌时,底下④压抑了一晚的"80后"⑤"90后"们立刻找到了感觉,跟着跳了起来。曾经听一位老友无奈地讲,他的女儿在音乐课上不唱老师教的歌,却大唱"花儿",这让全班同学大声欢呼,拍桌子跺脚。老师最后没脾气,只得给了个A。60年代出生的人有崔健⑥,70年代有朴树⑦,80年代有花儿。这些年轻人赶上了好时候,*作为中国人,他们是有史以来最快乐的人。

（改编自2008年6月24日京报网,作者：赵丰）

注释：

① 中央电视台（Zhōngyāng Diànshìtái）：英語による略称はCCTV。中国の国営テレビ局。

② 花儿乐队（Huā'ér Yuèduì）：中国の人気バンド。メンバーは主に80年代以降生まれ。

③ 大张伟（Dà Zhāng Wěi）：「花児楽隊」のボーカル、1983年8月生まれ、本名は張偉。

④ 底下（dǐxià）：出演者の出ている舞台に対して、舞台の下、すなわち観客席をさす。

⑤ "80后"（bālínghòu）：もとは1980年以降、改革開放時期の中国に生まれた若者の総称で、「新人類」といったニュアンスで用いられていたが、現在では"90后"（90年代生まれ）と区別し、1980年代生まれをさす。

⑥崔健(Cuī Jiàn)：中国ロックの父と讃えられる。1961年8月生まれ。

⑦朴树(Pǔ Shù)：個性的な人気歌手。1973年11月生まれ。ファーストアルバムは『我去两千年』。

生 词

1. 追求	zhuīqiú	动	～进步；～目标；～享受
2. 时尚	shíshàng	名	～服装；～生活；追求～
3. 一部分	yībùfen		～同学；～人；～地区
4. 不论	bùlùn	连	～是谁,都喜欢这部电影
5. 娱乐	yúlè	名	～活动；～场所
6. 图书	túshū	名	～馆；爱护～
7. 满足	mǎnzú	动	～要求；～需要；感到～
8. 售后服务	shòuhòu fúwù		这家公司的～非常好
9. 保证	bǎozhèng	动	～质量；作出～；～完成
10. 首选	shǒuxuǎn	动	～药物；这几个景点,我～北戴河
11. 代替	dàitì	动	他受伤了,你～他上场吧！
12. 大多数	dàduōshù	名	～人；～国家；～企业
13. 商场	shāngchǎng	名	～开业；逛～；～商品很丰富
14. 特色	tèsè	名	有～；～鲜明；民族～
15. 款式	kuǎnshì	名	～新颖；～齐全
16. 兜	dōu	名	裤～；衣～；～里没钱
17. 于是	yúshì	连	大家都说这个电影好,～我也买了一张票。
18. 奴	nú	名	房～

第7课　追求时尚的年轻人

19.	惊讶	jīngyà	形	很~；令人~
20.	购	gòu	动	~物；~房；~书
21.	女性	nǚxìng	名	尊重~；~健康；时尚~
22.	调查	diàochá	动	~情况；进行~；~清楚
23.	表明	biǎomíng	动	调查~；数据~；情况~
24.	约	yuē	副	~5公斤；~300人；~3个小时
25.	白领	báilǐng	名	她是一家公司的~
26.	身心	shēnxīn	名	~健康；大学生的~特点
27.	减轻	jiǎnqīng	动	~负担；~重量
28.	调整	tiáozhěng	动	~物价；~政策；~待遇
29.	意志	yìzhì	名	~坚强；锻炼~
30.	自然	zìrán	名	~科学；~现象
31.	美景	měijǐng	名	海边~；春天的~；欣赏~
32.	呼吸	hūxī	动	~新鲜空气；自由~；~停止
33.	新鲜	xīnxiān	形	~牛奶；~蔬菜；~空气
34.	郊区	jiāoqū	名	北京~；上海~
35.	亲近	qīnjìn	动、形	~自然；最~的人
36.	底下	dǐxia	名	桌子~；阳光~
37.	压抑	yāyì	动	心情~；~不住愤怒
38.	无奈	wúnài	形	很~；生活的~
39.	欢呼	huānhū	动	全场~；齐声~
40.	跺脚	duò jiǎo		一起~；急得直~
41.	脾气	píqi	名	发~；~很大
42.	赶	gǎn	动	~飞机；~时间；~上下雨
43.	有史以来	yǒu shǐ yǐlái		~的最佳电影；~最长寿的人

语言点

1. 于是

△兜里的钱多了,人们问的最多的一句话是:你买房了吗?于是"房奴"成了流行词……

◎解释:连词,表示两件事在时间顺序上是前后相承的,在事理上带有一定的因果关系,即后一事紧随前一事产生,后一事是由前一事引起的,一般前后两件事都已经发生。"于是"一般出现在后一分句的开头,也可以出现在主语后。

＊解説:接続詞。二つの事柄が時間的に前後し、それなりに因果関係を有することを示す。普通、二つの事柄がすでに発生した。「于是」は普通、後節の句頭に置かれる。

◇例句:(1) 老高生病住院了,我们都很关心他,于是决定一起去医院看他。

(2) 钱都花完了,于是他又开始找工作了。

(3) 大家都说那部电影好,于是我也买了一张票。

(4) 我的朋友都去中国留学了,我于是也有了去中国留学的打算。

【练习】用"于是"完成下面的句子。

(1) 我等了他很长时间,他都没来,_____。
(2) 他担心考试会迟到,_____。
(3) 孩子常常丢钥匙,_____。
(4) 我的女朋友非常喜欢花,_____。
(5) 我散步的时候,突然下雨了,_____。
(6) 我最近对京剧很感兴趣,_____。

第7课　追求时尚的年轻人

2. 令

　　△更令人惊讶的是,购房已不仅是男人的梦想,女性购房热情也有很大的提高。

　　◎解释:动词,有"使得"的意思,常见的搭配如"令人惊讶""令人害怕""令人烦恼""令人不愉快",多用于书面,用于口语的一般是"使、叫、让"。

　　＊解説:動詞。使役。「令人惊讶」「令人害怕」「令人烦恼」などの形がよく用いられる。書き言葉に多く、口頭では、普通、「使」、「叫」、「让」が用いられる。

　　◇例句:(1) 这是一个令人难忘的夜晚。

　　　　　(2) 她的变化令人吃惊。

　　　　　(3) 他们取得了令人满意的成绩。

　　　　　(4) 电视新闻里播出了一条令人兴奋的消息。

【练习】(一) 选词填空。

令人感动　　　令人高兴　　　令人惊讶
令人担忧　　　令人满意　　　令人不愉快

(1) (　　　　)的是,蜂鸟心跳每分钟达到615次。

(2) 随着世界人口的激增,粮食问题依然(　　　　)。

(3) 调查表明,有些学校的教学质量不是很(　　　　)。

(4) 我们都有个自我保护的习惯,那就是不愿面对(　　　　)的事。

(5) (　　　　)的是,很多小朋友把自己存的零花钱都捐给了地震灾区。

(6) (　　　　)的是,我们终于取得了比赛的胜利。

【练习】(二) 与同学讨论。

(1) 令你感动的一件事。

(2) 令你惊讶的一件事。

(3) 令你担忧的是什么。

3. 既……又……

　　△到了周末去运动运动,既是锻炼身体,同时又是减轻压力、调整身心的好办法。

　　◎解释:表示同时具有两方面的性质或情况,用于并列复句,放在主语后,连接两个并列成分(动词或形容词)。

　　＊解説:並列を表す文章に用いられ、主語の後ろに置かれ、その主語が同時に二つの性質や状況(動詞や形容詞)を有していることを示す。

　　◇例句:(1) 登山,既可以锻炼一个人的意志,又可以欣赏自然的美景和呼吸新鲜空气。

　　　　　(2) 她既漂亮又温柔,没有人不喜欢她。

　　　　　(3) 我们既要肯定成绩,又要看到不足。

　　　　　(4) 到中国学习汉语,既可以了解中国文化,又可以认识一些中国朋友。

【练习】用"既……又……"回答问题。

(1) A:你为什么喜欢他?

　　B:_____。

(2) A:你喜欢什么运动? 为什么?

　　B:_____。

(3) A:你喜欢一个人旅行,还是跟别人一起旅行? 为什么?

　　B:_____。

第7课　追求时尚的年轻人

(4) A：你喜欢养宠物吗？为什么？
　　 B：_____。

(5) A：为什么很多日本人喜欢漫画？
　　 B：_____。

4. 曾经

△中央电视台在一台晚会上曾经让"花儿"乐队表演过一次。

◎表示从前有过某种行为或情况，用在动词前，动词后常用"过"，也可以用"了"，否定形式不能说"不曾经"或"没曾经"，可以用"没(有)+动词+过"，也可以用"不(未)曾+动词+过"，后者常用于书面语。

＊解説：以前にある行為や状況が存在したことを示す。動詞の前に置かれ、その動詞は「过」を伴うことが多い。否定文にするときは「没(有)+動詞＋过」でも、「不(未)曾＋動詞＋过」でもよい。

◇例句：(1) 他曾经在这儿住过两年。
　　　　(2) 我曾经在北京见过她。
　　　　(3) 当年，他曾经获得过两次世界冠军。
　　　　(4) 他很小就失去了父母，未曾感受过亲人的关怀和家庭的温暖。

【练习】(一) 采访你的一位同学：哪些事情是他曾经经历过的，哪些事情是他还没有经历过的。

学中国歌　看京剧　看相扑表演　打工　丢东西　谈恋爱
看芭蕾舞表演　吃中药　练太极拳　写毛笔字

【练习】(二) 将上面的采访内容整理成一段话。

我的同学_____

_____

_____

5. 作为

△这些年轻人赶上了好时候，作为中国人，他们是有史以来最快乐的人。

◎解释：指明人的某种身份或事物的某种性质。

＊解説：人の身分或いは事柄の性質を明示する。「…として」。

◇例句：(1) 作为中国的首都，北京既是全国的政治中心，又是文化中心。

(2) 作为老朋友，我劝你不要再抽烟了。

(3) 作为老司机，发生这样的事情是不应该的。

(4) 作为一名学生，首先应该把学习搞好。

【练习】变换不同的身份或角度，用"作为"来谈一谈你对一些事情的看法。

(1) 小王是个追星族。

作为他的朋友，你的看法是：

作为他的父母，你的看法是：

(2) 很多女孩子为了减肥不吃饭。

作为医生，你的看法是：

作为时装模特，你的看法是：

(3) 有些年轻人大学没有毕业就自己去创业。

作为年轻人，你的看法是：

作为年长的人，你的看法是：

第7课　追求时尚的年轻人

综合练习

（一）听句子填上空白部分。

1. 不论是学习还是娱乐,网上图书都能(　　　　)你的要求。
2. 在网上听歌、看电影也成为年轻人的(　　　　)。
3. 更(　　　　)的是,购房已不仅是男人的梦想,女性购房热情也有很大的提高。
4. 到了周末去运动运动,既是(　　　　)身体,同时又是(　　　　)压力、调整身心的好办法。
5. 当大张伟大声唱起歌时,底下(　　　　)了一晚的"80后""90后"们立刻找到了感觉,跟着(　　　　)了起来。

（二）听后根据课文判断正误,对的画"√",错的画"×"。

1. (　　)
2. (　　)
3. (　　)
4. (　　)
5. (　　)

（三）选词填空。

(追求　满足　保证　调查　调整　呼吸　欢呼)

1. 12—14岁的孩子应该每天(　　　　)睡8—9个小时。
2. 据世界卫生组织的(　　　　),世界上有70%的人口喝不到安全卫生的饮用水。
3. 人需要(　　　　)新鲜、洁净的空气来维持生命。

4. 世界上有许多值得（　　　　）的东西，要学会选择和放弃。
5. 他工作之余常常去郊外亲近自然，（　　　　）身心。
6. 贪心没有（　　　　）的时候，所以我们要知足常乐。
7. 喜讯传来，人们立刻（　　　　）起来。

（四）根据课文内容回答问题。

1. 中国的年轻人上网喜欢做什么？
2. 现在的年轻人喜欢追求名牌吗？
3. 中国人有钱后喜欢做什么？
4. 周末运动有什么好处？
5. 为什么说年轻人是最快乐的人？

（五）成段表达：日本的年轻人（不少于200字）。

提示：

1. 日本的年轻人喜欢在网上做什么？
2. 日本的年轻人喜欢买名牌吗？喜欢去大商场，还是喜欢去小商铺买衣服？
3. 什么是"房奴"，日本有没有"房奴"？
4. 日本的年轻人工作忙吗？常常怎么放松自己？
5. 日本的年轻人喜欢什么类型的音乐？
6. 中日两国年轻人有哪些异同？

第7课　追求时尚的年轻人

知识链接

世界感受中国网购"惊奇"：交易额达1207亿

　　"11月11日成为世界购物节"，面对着中国"双11"购物浪潮向世界席卷而来，许多国家都发出这样的感慨。2016年11月12日零时，阿里巴巴旗下的淘宝天猫平台宣布11日全天在线交易额达1207亿元人民币，再创新历史纪录。与此前不同的是，中国电商在线购物涉及成交国家和地区几乎覆盖了全球所有220多个国家和地区。韩国《中央日报》11日称，在光棍节，中国电商发起的大规模促销活动成功吸引全世界的人气。去年"双11"当天912亿元人民币的销售额今年下午3时左右就被刷新，该数字相当于韩国所有百货店一年销售额的一半。

（《环球时报》2016年11月12日）

第8课　柴米夫妻间的亲情

课前热身

☞ 问题1：夫妻之间最重要的是什么？
☞ 问题2：夫妻关系不好的原因是什么？

课　文

　　许多人都认为夫妻间的幸福只是一种感觉，*然而，我却不这样想。*其实，更多的时候，幸福是人群中一道美丽的风景，常常出现在我的眼前。

　　前些日子，我因感冒去了一趟医院，并按照医生的吩咐到输液室去输液。输液室不大，里面早已经挤满了人。入口的墙角里有一对农村夫妇。那对夫妇40多岁，头发很乱，衣服也比较旧，身上的泥点还没有干。丈夫*看起来不是很结实，力气也不是很大，他倚着墙，半蹲在地上，两腿弯曲成椅子的样子，用双臂抱着妻子坐在自己的腿上。丈夫在妻子耳边说着什么，妻子那苍白且满是灰尘的脸上露出幸福的笑容。眼前这一对夫妻确实让人感动，让我好像看到了世界上最美、最感人的风景。

　　还有一次，在我下班回家的路上，看到一对中年夫妻骑着车一直走在我前面。大概是进城干活的民工吧，因为在他们的自行车后座上捆着干活用的工具。他们边走边聊着家里的事儿。一会儿便到了一个高坡，我有点儿害怕，于是便下车推着走。只

第8课　柴米夫妻间的亲情

见那丈夫左手扶把,右手顶在妻子背上,借着丈夫的力量,妻子很容易就过了这个高坡。在淡蓝的夜色里,连接在一起的这两辆车和两个人,好像是一道美丽的风景。那自然的顶在妻子背上的手,是一种关心,是一种力量。这样的夫妻,还有什么过不去的坎呢?

虽然花前月下的爱情是浪漫的,*然而,更多的日子,我们还得过那些柴米油盐①琐碎的生活。有一种幸福,它无声无息地在我们周围,像泥土一样朴实,像小草一样平凡。这种幸福,才是我们最需要的、实实在在的幸福。

这*不由得又使我想起了另一对无儿无女的白发老人。妻子很能干,但*毕竟到了年岁,背有点驼;丈夫腿脚不好,行动困难。老两口依靠自己的双手,在小区里开了一个小卖部。一天傍晚,小卖部快要关门的时候,我见老两口在一起算当天的收入。丈夫嘴里哼着小调,只见妻子笑着对丈夫说:"老头子,今天生意不错,晚上你又可以喝两杯了!"老汉听后,高兴得合不上嘴。

说实在的,人生中最值得珍惜的也便是这种柴米夫妻之间的亲情。这种亲情是那么自然,是那么真实,是那么让人感动!在平淡的生活中手相牵,心相连,共同经历人生的苦辣酸甜。

(根据《黄种人》2008年第3期同名文章改写)

注释:

① 柴米油盐(chái mǐ yóu yán):生活必需品のこと。

生 词

1. 亲情	qīnqíng	名	骨肉~；~故事
2. 人群	rénqún	名	特殊~；高收入~
3. 美丽	měilì	形	~的风景；~的花园；~的眼睛
4. 吩咐	fēnfù	动	听您的~；有什么事情，您尽管~
5. 输液	shū yè		正在~；第一次~
6. 入口	rùkǒu	名	礼堂~；体育馆~
7. 墙角	qiángjiǎo	名	蹲在~；挖~
8. 夫妇	fūfù	名	老年~；~和谐
9. 泥	ní	名	刚下雨，地上有很多~
10. 结实	jiēshi	形	很~；长得~
11. 蹲	dūn	动	~在地上；~着
12. 倚	yǐ	动	请勿~靠；~着墙
13. 弯曲	wānqū	形	身体~；~的小路；枝干~的老树
14. 臂	bì	名	大~；小~
15. 苍白	cāngbái	形	面色~；~无力
16. 且	qiě	连	聪明~能干；便宜~好用
17. 灰尘	huīchén	名	桌子上积满了~；打扫~
18. 干活	gàn huó		帮妈妈~；干了不少活
19. 民工	míngōng	名	两个~；招募~
20. 捆	kǔn	动	~东西；~得很结实
21. 工具	gōngjù	名	使用~；干活~；聊天~
22. 害怕	hàipà	动	很~；~困难；不~
23. 扶	fú	动	~着老人；~着把手；~起来
24. 顶	dǐng	动	用杠子~上门；~住压力
25. 力量	lìliàng	名	~很大；爱的~

第8课　柴米夫妻间的亲情

26.	坎	kǎn	名	过了这个～,你就越来越顺了
27.	浪漫	làngmàn	形	～的爱情故事；～的人
28.	琐碎	suǒsuì	形	事情～；工作～；～的事务
29.	无声无息	wú shēng wú xī		～地离开；～的爱
30.	朴实	pǔshí	形	人很～；～的农民
31.	平凡	píngfán	形	～的人；工作～；很不～
32.	不由得	bùyóude	副	～流下了眼泪
33.	毕竟	bìjìng	副	～到了春天,天不会冷了
34.	驼	tuó	形	～背；背～得厉害
35.	行动	xíngdòng	名	～不方便；～起来了
36.	依靠	yīkào	动、名	～父母；～自己；没有～
37.	哼	hēng	动	～着小调；～唱中国歌
38.	小调	xiǎodiào	名	民间～；家乡～；地方～
39.	老头子	lǎotóuzi	名	这个～是她的老伴儿
40.	合	hé	动	～不上；～得上
41.	平淡	píngdàn	形	～的生活；故事很～
42.	牵	qiān	动	手～着手；～着小狗
43.	经历	jīnglì	名、动	工作～；成长～；～过苦难

语言点

1. 然而

△许多人都认为夫妻间的幸福只是一种感觉,然而,我却不这样想。

◎解释：表示转折,引出同上文相对立的情况,或限制、补充上文,多用于书面语。

＊解説：逆説を表す。前節と相反することを導いたり、前節を限定、補充する内容を導く。書き言葉で多く用いられる。

◇例句：(1) 地震,给人类带来了灾难,然而,利用人造地震,却能帮助人们勘探矿藏。

(2) 在试验中虽然多次失败,然而他们并不灰心。

(3) 那儿的房子不算太好,然而交通极方便,所以他们还是决定买下。

(4) 这儿的风景非常美,然而最美的还是这儿的人,他们给了我最美好的真情。

比較:「然而」と「但是」はどちらも接続詞で意味もほとんど同じである。「然而」が書き言葉で多く用いられるのに対し、「但是」にはそういう制約がないため「然而」を「但是」に置き換えることができる。

【练习】用"然而"完成句子。

(1) 虽然他没有用很多时间准备,＿＿＿＿＿＿＿＿＿＿＿＿。

(2) 虽然我们认识的时间不长,＿＿＿＿＿＿＿＿＿＿＿＿。

(3) 人们都知道抽烟危害健康,＿＿＿＿＿＿＿＿＿＿＿＿。

(4) 发展汽车工业对经济有好处,＿＿＿＿＿＿＿＿＿＿＿＿。

(5) 网络给人们的生活带来了很多方便,＿＿＿＿＿＿＿＿＿＿＿＿。

2. 其实

△其实,更多的时候,幸福是人群中一道美丽的风景,常常出现在我的眼前。

◎解释:表示所说的是实际情况,用在动词前或主语前,承接上文,有更正、修正或补充的作用。

＊解説:話すことが事実であることを示す。動詞の前または主語の前に置かれ、前節を受け、前節と逆の内容を表す。訂正・修正・補充に用いる。「実際には」、「本当のところ」。

第8课　柴米夫妻间的亲情

◇例句：（1）你们只知道他会说英语，其实他的日语也很好。

（2）他告诉别人那个女孩是他姐姐，其实是他的女朋友。

（3）小王通知我九点开会，其实是九点半。

（4）你说叔叔不爱喝酒，其实叔叔最爱喝酒，只是你从来没见他喝过。

【练习】用"其实"完成句子。

（1）他说他是美国人，_____。

（2）大家都以为他们俩是恋人，_____。

（3）那个女人表面看起来很快乐，_____。

（4）大家都说汉语很难学，_____。

（5）很多人都认为有钱一定会幸福，_____。

（6）很多人都希望成为明星，_____。

3. 动词+起来₂

△丈夫看起来不是很结实，力气也不是很大……

◎解释："起来"用在动词后作趋向补语，强调某一动作的实际进行，表示从某一方面对动词所表达的动作进行评价，在句中多用于插入语。"动词+起来₂"中常见的动词有：看、算、吃、做、喝、听、读、唱、携带……

★注意：这里的"动词+起来₂"与第三课的"动词+起来₁"不一样。

＊解説：動詞の後ろに置かれ方向補語になる。ある動作を実際に行うことを強調し、その動詞が表す動作に対して判断することを示す。挿入句として用いられることが多い。「動詞+起来」の形でよく使われる動詞には、看、算、吃、做、喝、听、读、唱、携带などがある。

★注意：ここで出てきた「動詞+起来」は、第3課で出てきた「動詞+起来」とは使い方が異なる。

◇例句：（1）看起来今天要下雨。

（2）算起来，他离开我们已经三年了。

(3) 饺子吃起来好吃,可是做起来很麻烦。

(4) 说起来很容易,做起来很难。

【练习】选用下面的词语填空。

看起来　算起来　听起来　携带起来　读起来
说起来　做起来

(1) 这件事(　　　　)容易(　　　　)难。
(2) 太阳(　　　　)离我们比较近,可实际上离我们非常远。
(3) (　　　　)我已经学了一年的汉语了。
(4) 他的话(　　　　)很有道理。
(5) 这种照相机(　　　　)很方便。
(6) 他的作品(　　　　)节奏很美,有诗的韵味。

4. 不由得

△这不由得又使我想起了另一对无儿无女的白发老人。

◎解释:作副词,表示不能控制自己,常用于主语后。

＊解説:自分を抑えることができないことを示す。普通、主語の後ろに置かれる。

◇例句:(1) 电影太感人了,她不由得流下泪来。
(2) 新同学活泼、开朗,大家不由得对她产生了好感。
(3) 她唱歌唱得太好了,大家不由得鼓起掌来。
(4) 听着熟悉的音乐,老王不由得哼起歌来。

【练习】用"不由得"完成句子。

(1) 离家四十年的大儿子今天回来了,老母亲不由得_____。
(2) 他对我这么好,我不由得_____。

(3) 听了他讲的笑话，山本不由得＿＿＿＿＿＿＿＿＿＿＿＿＿＿＿＿＿＿。

(4) 看到精彩的表演，观众＿＿＿＿＿＿＿＿＿＿＿＿＿＿＿＿＿＿。

(5) 他第一次上台演讲，＿＿＿＿＿＿＿＿＿＿＿＿＿＿＿＿＿＿。

(6) 孩子们收到圣诞礼物后，＿＿＿＿＿＿＿＿＿＿＿＿＿＿＿＿＿＿。

5. 毕竟

△妻子很能干，但毕竟到了年岁，背有点驼。

◎解释：副词，强调事物的状态、性质、特点；肯定重要的或正确的事实，暗含否定别人的不重要的或错误的结论。有时用在前一分句强调原因，不能用于问句。

＊解説：副詞。事物の状態・性質・特徴を強調する。その際強調されるのは、重要または正確な事実であり、他の人の重要でない、もしくは間違った結論を暗に否定している。前段で述べたことの原因を強調する場合もあるが、疑問文に用いることはできない。

◇例句：(1) 毕竟是秋天了，天气一天天凉了下来。

(2) 他毕竟才学了一年中文，还翻译不了这篇文章。

(3) 他毕竟受传统观念影响太深，对新事物很难适应。

(4) 孩子毕竟是孩子，别对他太严厉。

比较：「究竟」・「竟」・「毕竟」

「究竟」は疑問文に用いて一歩踏み込んだ追求を示し、「竟」・「毕竟」は肯定文に用いられる。「竟」と「毕竟」の意味は大きく異なり、「竟」が意外であることを示すのに対し、「毕竟」は原因や理由を強調するのに使う。例如：

(1) 他究竟是谁？　　　　　（√）

(2) 他竟是谁？　　　　　　（×）

(3) 他毕竟是谁？　　　　　（×）

(4) 他竟忘了自己的生日。　（√）

(5) 他毕竟忘了自己的生日。（×）

【练习】把"毕竟"放到合适的位置。

(1) 在饭馆吃饭太贵,不能每天都去吃。
(2) 这水果买回来两天了,已不那么新鲜了。
(3) 他不是你的敌人,不会故意为难你的。
(4) 小王不是孩子,相信他会珍惜时间的。
(5) 谎言代替不了事实。
(6) 他大学毕业,思考问题比较冷静、全面。

综合练习

(一) 听句子填上空白部分。

1. 前些日子,我(　　　　)感冒去了一趟医院,并按照医生的(　　　　)到输液室去输液。
2. 眼前这一对夫妻确实让人(　　　　),让我好像看到了世界上最美、最感人的(　　　　)。
3. 在我下班(　　　　)的路上,看到一对中年夫妻骑着车(　　　　)走在我前面。
4. 虽然花前月下的爱情是(　　　　)的,然而,更多的日子,我们还得过那些(　　　　)琐碎的生活。
5. 这(　　　　)又使我想起了另一对无儿无女的白发老人。

(二) 听后根据课文判断正误,对的画"√",错的画"×"。

1. (　　)
2. (　　)

3. （　　）
4. （　　）
5. （　　）

（三）选词填空。

（美丽　吩咐　结实　害怕　浪漫　平凡　依靠　经历）

1. 从此,他开始了东渡传经的(　　　　)。
2. 锻炼以后,他的身体比以前(　　　　)多了。
3. 她从小看的爱情小说太多,所以一直渴望那种一见钟情的(　　　　)。
4. 日本人民把(　　　　)的富士山和樱花都当作圣物。
5. 事实表明,许多青年在极其(　　　　)的岗位上取得了卓越的成绩。
6. 我(　　　　)你的话都记清楚了么?
7. 一切为了人民,一切(　　　　)人民。
8. 只要你对自己的能力有信心,那么完全不必(　　　　)。

（四）根据课文内容回答问题。

1. "我"认为夫妻间的幸福是什么?
2. 到医院输液的农村夫妇有多大年龄,穿得怎么样?
3. 骑着自行车的中年夫妻做了什么事情让"我"感动?
4. 傍晚,无儿无女的白发老人在做什么?
5. "我"认为人生中最值得珍惜的是什么?

（五）成段表达：让我感动的事（不少于200字）。

词语提示：

然而　其实　看起来　确实　因为　好像　风景　美丽
浪漫　不由得　高兴　珍惜　自然　真实　平淡　平凡
经历

问题提示：

1. 什么事情让你很感动？
2. 那件事情发生在哪儿？什么时间发生的？
3. 为什么会让你感动？

知识链接

《中华人民共和国婚姻法》摘录

　　第六条　结婚年龄，男不得早于二十二周岁，女不得早于二十周岁。晚婚晚育应予鼓励。

　　第十三条　夫妻在家庭中地位平等。

　　第十四条　夫妻双方都有各用自己姓名的权利。

　　第十六条　夫妻双方都有实行计划生育的义务。

　　第二十条　夫妻有互相扶养的义务。一方不履行扶养义务时，需要扶养的一方，有要求对方付给扶养费的权利。

第二十一条 父母对子女有抚养教育的义务;子女对父母有赡养扶助的义务。父母不履行抚养义务时,未成年的或不能独立生活的子女,有要求父母付给抚养费的权利。子女不履行赡养义务时,无劳动能力的或生活困难的父母,有要求子女付给赡养费的权利。禁止溺婴、弃婴和其他残害婴儿的行为。

第9课　当你老了的时候

课前热身

- 问题1：日本老人退休后一般做什么？
- 问题2：当你老了的时候你会做什么？

课　文

　　有人说，当你老了的时候，自己是不知道的。这怎么可能呢？当一个人快老了的时候，总会有某些迹象的。就*拿我这个五十岁的人来说吧。几年前，我走在街上，只是*偶尔会碰上姑娘小伙问路，亲切地叫我大爷大伯。今年不行了，几个月刚过，我已经碰到好几次这样的事了。另外，我的头发也掉得差不多了，所以就不常染发，有时我的白发会跑到我读的书里当了书签。一天，儿子对我说："老爸，您拿什么当书签不行呀，干吗要拿头上的白发呢？"

　　当你老了的时候，你是清楚地知道这一切的。*除非面对种种衰老的迹象，你却视而不见。不管怎么说，我现在已开始为老年人的生活提前做准备了。然而，生活中总有一些老人似乎比年轻人活得更潇洒，拿年老根本不当回事儿。比如，有位七十多岁的老太太，在电视上经常露面，一身运动装，竟然还能用老胳膊老腿跳街舞①。她与年轻人同场比赛，身子抖动得像蛇一般，很酷！我甚至有一次看见她在翻跟头，虽然同年轻人不能比，但

第9课　当你老了的时候

我已感动得想哭。从此以后,我开始狂热地把某些老年人当自己的偶像了,说我是他们的粉丝②也行。

我每天散步的公园里,也有一位老人是舞迷。说来你可能不信,他已是六十多岁的人了,竟然喜欢跳踢踏舞③。虽然只是跳着玩,但跳得也很有专业水平。当他跳踢踏舞的时候,身边总是围着许多人停下来观看。*尽管到现在我还没跟他说过几句话,也没弄明白他跳踢踏舞时,是先出左脚还是右脚,可是他跳踢踏舞的节奏让我着迷、让我陶醉。这位老人经常对别人说:"跳舞吧,在你还能跳的时候。"

有时,我真是想不明白,这位跳踢踏舞的老人,虽然不像那位跳街舞的老太太那样到电视上去跳,但他也很会给自己挑跳舞的地方。离那个地方十几米,站立着几匹马,雕刻得像真的一样。老人*恰恰选了这么一个地方,在这儿跳踢踏舞,那踢踏舞的声音与节奏,简直跟马蹄声一样。因为有了他的舞步,几匹马好像在一转眼间就能够飞起来一样。当然,公园里的树木与花草,河面上轻轻飞过的水鸟,也随着踢踏舞的节奏跳起舞来。如此看来,事物之间都有着美好的联系。

或许有人认为,两位上了岁数的老年人跳街舞和踢踏舞,不像我这样活得真实。他们跳街舞和踢踏舞,似乎像是犯了某种年代错误。但我得说,对于老年人来说,犯一两个年代错误又何妨呢?我们需要这些生活在我们周围跳街舞和踢踏舞的老人。我想,我也应该去学学跳舞,不应该为某些衰老的迹象而难过。

(2007年6月18日京报网,来源:北京晚报,作者:刘茂胜)

注释：

① 街舞(jiēwǔ)：ブレイクダンス。

② 粉丝(fěnsī)：英語の「ファン」の音訳。以前は「追星族」（追っかけ）といっていたが、若者にはこの新語が受け入れられ、「時尚」（ファッショナブル）の代名詞になっている。

③ 踢踏舞(tītàwǔ)：タップダンス。

生　词

1.	迹象	jìxiàng	名	衰老的～；怀孕的～
2.	偶尔	ǒu'ěr	副	人～会生病；他上课～迟到
3.	小伙	xiǎohuǒ	名	高个子的～；～很帅
4.	大爷	dàye	名	王～是我的邻居
5.	大伯	dàbó	名	我～家有一个女儿
6.	染	rǎn	动	～头发；～成红色
7.	书签	shūqiān	名	一张～；漂亮的～
8.	除非	chúfēi	连	～你参加，否则别人不会参加
9.	面对	miànduì	动	～现实；～困难；～老师
10.	衰老	shuāilǎo	形	延缓～；抗～；已经～
11.	视而不见	shì'érbùjiàn		不会～
12.	不管	bùguǎn	连	～天气如何，我们都会去
13.	潇洒	xiāosǎ	形	风度～；活得～
14.	根本	gēnběn	副	～想不到；～不明白
15.	当回事儿	dàng huí shìr		把……～；不～
16.	露面	lòu miàn		不喜欢～；好久没～了
17.	胳膊	gēbo	名	两只～；举起～
18.	抖动	dǒudòng	动	气得嘴唇直～；孔雀～着羽毛

第9课　当你老了的时候

19.	酷	kù	形	很~;太~了
20.	跟头	gēntou	名	翻~;摔了一个~
21.	狂热	kuángrè	形	~追求;~的欢呼声;~的信徒
22.	偶像	ǒuxiàng	名	崇拜~;年轻人的~
23.	专业	zhuānyè	名、形	~课;学习~;~知识;~作家
24.	围	wéi	动	~了很多人;~着桌子
25.	尽管	jǐnguǎn	副、连	有什么困难~说;~困难很多,我还是要做下去
26.	节奏	jiézòu	名	~快/慢
27.	着迷	zháo mí		越看越~;着了迷了;对……~
28.	陶醉	táozuì	动	被美景~了;不能~于已有的成绩
29.	挑	tiāo	动	~衣服;~好的;~学生
30.	站立	zhànlì	动	~不住;~在人们的面前
31.	匹	pǐ	量	一~马;三~骡子
32.	雕刻	diāokè	动	~图章;大理石~;~塑像
33.	恰恰	qiàqià	副	~赶上了末班车;这~是我想说的话
34.	马蹄声	mǎtíshēng	名	远处传来了~
35.	舞步	wǔbù	名	优美的~
36.	转眼	zhuǎnyǎn	动	~又一年过去了
37.	事物	shìwù	名	新~;~发展规律
38.	美好	měihǎo	形	~的事物;~的前途;~的回忆
39.	或许	huòxǔ	副	他~不来了;~你是对的
40.	岁数	suìshù	名	上了~;~还小
41.	犯	fàn	动	~错误;~罪
42.	何妨	héfáng	副	你去问问又~呢
43.	难过	nánguò	形	很~;~极了

语言点

1. 拿……来说

△就<u>拿</u>我这个五十岁的人<u>来说</u>吧，……

◎解释：表示从某方面提出问题，以一个具体的例子来说明一个事物或情况，"拿……来说"之间可插入名词、名词性短语或动词短语。

＊解説：ある角度から問題点を指摘し、具体例を用いてその事柄や状況の説明をすることを示す。「拿」と「来说」の間には名詞または名詞句が入る。

◇例句：（1）父亲住院后，全家都很紧张，拿母亲来说，已经三天没睡觉了。

（2）大家学太极拳的积极性很高，拿我们班来说，已经有二十个人报名了。

（3）爸爸是一家之主，拿看电视来说，他要看哪个台，我们就看哪个台。

（4）这次考试比较容易，拿水平最低的一班来说，有一半同学得了80分。

【练习】用"拿……来说"完成句子。

（1）这个公司很好，＿＿＿＿＿＿＿＿＿＿＿＿＿＿＿＿＿＿。
（2）山本是一个十分爱干净的人，＿＿＿＿＿＿＿＿＿＿＿＿＿。
（3）这次考试比较难，＿＿＿＿＿＿＿＿＿＿＿＿＿＿＿＿＿＿。
（4）学汉语的人越来越多，＿＿＿＿＿＿＿＿＿＿＿＿＿＿＿＿。
（5）父母跟孩子的想法总是有一些不同，＿＿＿＿＿＿＿＿＿＿。
（6）经济的快速发展会带来一些不好的影响，＿＿＿＿＿＿＿＿。

第9课　当你老了的时候

2. 偶尔

　　△几年前,我走在街上,只是偶尔会碰上姑娘小伙问路,亲切地叫我大爷大伯。

　　◎解释:与"经常"相对,表示动作、行为、事情或现象发生的次数少,时间也不一定,有"有时候"的意思。

　　＊解説:「経常」の逆。動作・行為・事柄・現象などについて、頻度が低く、時間も定まっておらず、「ときたま」、「たまに」という意を表す。

　　◇例句:(1)他平时不喝酒,只是偶尔喝点酒。
　　　　　(2)周末我一般都在家,偶尔才去一次酒吧。
　　　　　(3)他从来不给父母写信,只是偶尔打一两次电话。
　　　　　(4)他不喜欢逛商店,只是偶尔陪妻子逛逛。

【练习】请判断哪些事情是你经常做的,哪些事情是你偶尔做的,哪些是你没做过的,然后跟同学交流一下。

看电视	看电影	看相扑表演	看歌舞伎
上网聊天	上网打游戏	上网购物	上网查资料
喝醉	感冒	打车	给父母写信
打工	看漫画	穿和服	穿西服

(1)我经常做的是:

(2)我偶尔做的是:

(3)我没做过的是:

3. 除非

△<u>除非</u>面对种种衰老的迹象,你却视而不见。

◎解释:强调指出惟一的条件。条件可以在前,也可以在后。在前时,后一个分句常有"才"等与之呼应。在后时,前一分句常有"如果""要"等与之搭配。

＊解説:唯一の条件を強調して示す。強調される条件は前に置いても後ろに置いてもよい。前節に置かれる場合は、普通、これに呼応して後節に「才」などが来る。後節に置かれる場合は、前節に「如果」、「要」などがあってこれと対応する。

◇例句:(1) <u>除非</u>过年过节,他才回老家。

(2) <u>除非</u>你把烟戒掉,才能参加我们的足球俱乐部。

(3) 要想人不知,<u>除非</u>己莫为。

(4) 老王爱喝酒,要请他帮你忙,<u>除非</u>你准备好酒、好菜招待他。

【练习】请你想象一下,山本在什么情况下会偶尔做下面的事情,用"除非"写出句子。

山本偶尔做的事情	条件	完整的句子
山本偶尔会迟到	除非路上堵车	除非路上堵车,山本才会迟到。
山本偶尔会喝酒		
山本偶尔会哭		

第9课　当你老了的时候

4. 尽管……可是……

　　△尽管到现在我还没跟他说过几句话，也没弄明白他跳踢踏舞时，是先出左脚还是右脚，可是，他跳踢踏舞的节奏让我着迷、让我陶醉。

　　◎解释：表示让步，相当于"虽然……可(是)……"，用于已经有的情况。后一分句用于呼应的词还有"但是、但、然而"等。

　　＊解説：前後二つの節が逆の関係であったり、譲歩したりすることを示す。「虽然……可(是)……」と同じような使い方をする。「可是」のほか、「但是」・「但」・「然而」などが呼応して用いられる。

　　◇例句：（1）这个菜尽管好吃，可是不能天天都吃。
　　　　　（2）夫妻尽管偶尔吵架，但吵完之后感情仍然很好。
　　　　　（3）相扑运动员尽管很胖，然而动作却很灵活。
　　　　　（4）尽管这里的条件不是很好，但是我们生活得很愉快。

【练习】用"尽管……可是/但是/然而"把A、B中的句子连起来，根据需要可以增加或者减少一些词语，然后在横线上写出正确的句子。

A	B
他已经学了三年汉语	a 天气仍然很热
打车很贵	b 抽时间回老家看父母
他知道抽烟对身体不好	c 过得很快乐
他很忙	d 她每天都打车上班
她没有钱	e 他还是每天都抽烟
已经是秋天了	f 他听不懂有口音的普通话

（1）＿＿＿＿＿＿＿＿＿＿＿＿＿＿＿＿＿＿＿＿＿＿＿＿＿＿＿＿＿。
（2）＿＿＿＿＿＿＿＿＿＿＿＿＿＿＿＿＿＿＿＿＿＿＿＿＿＿＿＿＿。
（3）＿＿＿＿＿＿＿＿＿＿＿＿＿＿＿＿＿＿＿＿＿＿＿＿＿＿＿＿＿。

(4) _____。

(5) _____。

(6) _____。

5. 恰恰

　　△老人恰恰选了这么一个地方,在这儿跳踢踏舞,那踢踏舞的声音与节奏,简直跟马蹄声一样。

　　◎解释:表示时间上巧合,数量上巧合,两事正好相合或正好相反。有"不迟不早""不多不少""正好""恰好"的意思。

　　＊解説:時間や数量等に関して合致していることを表す。両者はぴったり合っているか、全く逆かのどちらかである。早からず遅からず、多からず少なからず、「ちょうど…だ」という意味になる。

　　◇例句:(1) 这个西瓜正像你估计的那样,恰恰十斤重。

　　　　　(2) 夫妻俩的意见恰恰相反,丈夫想买黑色的汽车,妻子则想买白色的。

　　　　　(3) 我们着急赶飞机,恰恰走到半路,汽车坏了,真是急死了。

　　　　　(4) 今天的考试题,恰恰我都复习过了,真是幸运。

【练习】把"恰恰"放到句中合适的位置。

(1) 你提的这个问题是我们现在正需要进一步研究的问题。

(2) 是我最好的朋友出卖了我,真让我痛心!

(3) 我昨天太累了,工作没有做完就回家了,今天老板来检查工作,我挨了批评。

(4) 坐在她对面的是她最不想看到的人。

(5) 告诉他的不是别人,是你自己。

(6) 你这样做,说明你心虚。

第9课　当你老了的时候

(7) 他不敢承认错误,表明他已经认识到错误的严重性了。

(8) 清洁的环境需要大家共同来创造,而有的人没有意识到这一点。

综合练习

(一) 听句子填上空白部分。

1. 几年前,我走在街上,只是(　　　　)会碰上姑娘小伙问路,(　　　　)地叫我大爷大伯。

2. 然而,生活中总有一些老人似乎比年轻人活得更(　　),拿年老(　　　　)不当一回事儿。

3. 说来你可能不信,他已是六十多岁的人了,(　　　　)喜欢跳踢踏舞。

4. 离那个地方十几米,站立着几匹马,(　　　　)得像真的一样。

5. 他们跳街舞和踢踏舞,似乎像是(　　　　)了某种年代(　　　　)。

(二) 听后根据课文判断正误,对的画"√",错的画"×"。

1. (　)
2. (　)
3. (　)
4. (　)
5. (　)

(三) 选词填空。

(转眼　衰老　潇洒　根本　着迷　陶醉　美好　或许)

1. 她(　　　　)不知道外面发生了什么事。
2. 日语的"东京"念tokyo,(　　　　)有人不信这本来就是汉语的念法。
3. 青岛的海湾实在秀媚动人,特别是面临前海的一面,令人(　　　　)。
4. 小伙伴们的夸奖、赞扬声,使我(　　　　)在幸福之中。
5. 许多国家的国旗上有白色,象征纯洁和正直,象征对(　　　　)未来的希望。
6. 正如牛仔装,他穿了英俊(　　　　),充满活力,而你穿了却可能滑稽可笑,因为你更适合穿西装。
7. 这真是见了鬼,怎么一(　　　　)就不见了?
8. 专家们指出,(　　　　)是一个受到遗传因素、环境和生活方式等多方面影响的综合过程。

(四) 根据课文内容回答问题

1. "我"是怎么知道自己已经老了的?
2. 跳街舞的老太太跳得怎么样?
3. 跳踢踏舞的老人水平如何?
4. 为什么说事物之间都有着美好的联系?
5. "我"有什么打算?

（五）成段表达：日本的老年人（不少于300字）。

词语、句式提示：

偶尔　　除非　　视而不见　　迹象　　然而　　潇洒

比如　　竟然　　感动　　偶像　　粉丝　　恰恰

简直　　美好　　或许　　上了岁数　　何妨

不当一回事　　让……着迷/陶醉　　当……的时候

尽管……可是……　　为……提前做准备

问题提示：

1. 日本人一般多大年龄退休？
2. 日本老年人退休之后一般会做什么？
3. 现在很多国家有"老龄化"的问题，你认为有好的解决办法吗？

> 知识链接

人口老龄化

截至2015年底，全国60岁及以上老年人口22200万人，占总人口的16.1%，其中65岁及以上人口14386万人，占总人口的10.5%。全国共有老龄事业单位2280个，老年法律援助中心2.1万个，老年维权协调组织7.1万个，老年学校5.3万个、在校学习人员732.8万人，各类老年活动室37.1万个；享受高龄补贴的老年人2155.1万人，享受护理补贴的老年人26.5万人，享受养老服务补贴的老年人257.9万人。

60岁以上老年人口占全国总人口比重

单位：万人、%

指标	2008年	2009年	2010年	2011年	2012年	2013年	2014年	2015年
60岁以上人口	15989	16714	17765	18499	19390	20243	21242	22200
比重	12	12.5	13.26	13.7	14.3	14.9	15.5	16.1

（《2015年社会服务发展统计公报》，民政部，2016年7月）

语言点索引

B	
毕竟	8
并	4
不禁	4
不由得	8

C	
曾经	7
除非	9
此外	5
从而	5

D	
当……时	3
当年	4
动词+起来1	3
动词+起来2	8

E	
而	4

H	
还是……吧	1

J	
既……又……	7
简直	3
尽管……可是……	9
竟	3
究竟	2
据+动词	5
据说	1

L	
连忙	3
令	7

N	
拿……来说	9

O	
偶尔	9

Q	
其实	8
恰恰	9
却	2

R	
然而	8
如同……一样	6

S	
甚至	2
随着	3

W	
为	1

Y	
一……就……	1
一直	6

以……为主	5
因……而……	2
于是	7

Z	
在……方面	6
在……下	6
再三	4
真的	1
之前、之间	5
只有……才……	1
作为	7

生词索引

A			
安慰	ānwèi	动	3
B			
白领	báilǐng	名	7
榜样	bǎngyàng	名	6
保证	bǎozhèng	动	7
报纸	bàozhǐ	名	2
倍感	bèigǎn		5
本身	běnshēn	代	2
本事	běnshi	名	3
彼此	bǐcǐ	代	6
毕竟	bìjìng	副	8
臂	bì	名	8
表明	biǎomíng	动	7
播	bō	动	6
博士	bóshì	名	2
不断	bùduàn	副	3
不管	bùguǎn	连	9
不禁	bùjīn	副	4
不可思议	bùkě sīyì		3

不论	bùlùn	连	7
不枉此行	bù wǎng cǐ xíng		1
不由得	bùyóude	副	8
步行	bùxíng	动	3

C

采访	cǎifǎng	动	6
参与	cānyù	动	4
苍白	cāngbái	形	8
产生	chǎnshēng	动	2
超过	chāoguò	动	5
称	chēng	动	2
吃惊	chī jīng		3
吃力	chīlì	形	1
冲	chōng	动	3
出境	chū jìng		5
除非	chúfēi	连	9
创造	chuàngzào	动	1
此外	cǐwài	连	5
从而	cóng'er	连	5
催促	cuīcù	动	4

D

搭乘	dāchéng	动	5
达	dá	动	3
打交道	dǎ jiāodao		2
大伯	dàbó	名	9

大多数	dàduōshù	名	7
大汗淋漓	dàhàn línlí		3
大爷	dàye	名	9
代表队	dàibiǎoduì	名	6
代表团	dàibiǎotuán	名	3
代替	dàitì	动	7
当回事儿	dàng huí shìr		9
到达	dàodá	动	1
道	dào	量	3
登	dēng	动	1
等待	děngdài	动	3
底下	dǐxia	名	7
抵	dǐ	动	3
抵达	dǐdá	动	5
雕刻	diāokè	动	9
调查	diàochá	动	7
顶	dǐng	动	8
定期	dìngqī	形	5
动画片	dònghuàpiàn	名	6
动作	dòngzuò	名	3
兜	dōu	名	7
抖动	dǒudòng	动	9
队员	duìyuán	名	6
对待	duìdài	动	4
蹲	dūn	动	8
跺脚	duò jiǎo		7

F

犯	fàn	动	9
饭量	fànliàng	名	3
方式	fāngshì	名	6
放弃	fàngqì	动	4
吩咐	fēnfù	动	8
纷纷	fēnfēn	副	3
丰富多彩	fēngfù duōcǎi		2
夫妇	fūfù	名	8
扶	fú	动	8
幅	fú	量	2
负担	fùdān	名	2

G

干脆	gāncuì	副、形	3
干活	gàn huó		8
赶	gǎn	动	7
感动	gǎndòng	形、动	1
感慨万千	gǎnkǎi wànqiān		4
感叹	gǎntàn	动	1
感兴趣	gǎn xìngqù		2
高速	gāosù	形	5
胳膊	gēbo	名	9
歌星	gēxīng	名	5
各自	gèzì	代	4
根本	gēnběn	副	9
跟头	gēntou	名	9

工具	gōngjù	名	8
公演	gōngyǎn	动	3
沟壑	gōuhè	名	6
沟通	gōutōng	动	4
购	gòu	动	7
鼓	gǔ	动	2
鼓励	gǔlì	动	1
关注	guānzhù	动	4
观念	guānniàn	名	6
广泛	guǎngfàn	形	4
规模	guīmó	名	4

H

哈哈大笑	hāhā dàxiào		3
害怕	hàipà	动	8
航班	hángbān	名	5
航线	hángxiàn	名	5
合	hé	动	8
合影	héyǐng	名、动	3
合作	hézuò	动	4
何妨	héfáng	副	9
哼	hēng	动	8
轰动	hōngdòng	动	3
呼吸	hūxī	动	7
欢呼	huānhū	动	7
环保	huánbǎo	名	4

慌忙	huāngmáng	形	3
灰尘	huīchén	名	8
或许	huòxǔ	副	9

J

机遇	jīyù	名	5
迹象	jìxiàng	名	9
积极	jījí	形	5
激动	jīdòng	形、动	1
即将	jíjiāng	副	4
极其	jíqí	副	4
记录	jìlù	动	1
加油	jiā yóu		1
家乡	jiāxiāng	名	6
架	jià	动、量	5
减轻	jiǎnqīng	动	7
将	jiāng	介	4
郊区	jiāoqū	名	7
角度	jiǎodù	名	1
教练	jiàoliàn	名	6
教	jiāo	动	2
接触	jiēchù	动	2
接近	jiējìn	动	6
节奏	jiézòu	名	9
结实	jiēshi	形	8
紧	jǐn	形	4

尽管	jǐnguǎn	副、连	9
近视	jìnshì	形	2
进修	jìnxiū	动	6
经历	jīnglì	名、动	8
惊奇	jīngqí	形	3
惊讶	jīngyà	形	7
竟	jìng	副	3
纠正	jiūzhèng	动	2
究竟	jiūjìng	副	2
居民	jūmín	名	6
举办	jǔbàn	动	2
距离	jùlí	名	1

K

开阔	kāikuò	形、动	1
开通	kāitōng	动	5
开展	kāizhǎn	动	5
坎	kǎn	名	8
考虑	kǎolǜ	动	2
苛刻	kēkè	形	6
可惜	kěxī	形	2
课余	kèyú	名	6
空余	kòngyú	名	2
酷	kù	形	9
款式	kuǎnshì	名	7
狂热	kuángrè	形	9

捆	kǔn	动	8

L

落	là	动	1
来自	láizì	动	1
浪漫	làngmàn	形	8
老头子	lǎotóuzi	名	8
礼仪	lǐyí	名	6
力量	lìliàng	名	8
力气	lìqi	名	3
连接	liánjiē	动	5
连忙	liánmáng	副	3
连续剧	liánxùjù	名	6
凉爽	liángshuǎng	形	3
邻里	línlǐ	名	6
露面	lòu miàn		9
绿化带	lǜhuàdài	名	4

M

马蹄声	mǎtíshēng	名	9
满足	mǎnzú	动	7
漫画	mànhuà	名	6
美好	měihǎo	形	9
美景	měijǐng	名	7
美丽	měilì	形	8
魅力	mèilì	名	2
梦想	mèngxiǎng	名、动	1

面对	miànduì	动	9
面临	miànlín	动	6
面试	miànshì	动	4
民工	míngōng	名	8
名牌	míngpái	名	4
陌生	mòshēng	形	6
某	mǒu	代	2
目睹	mùdǔ	动	1

N

难得	nándé	形	3
难过	nánguò	形	9
泥	ní	名	8
年代	niándài	名	6
奴	nú		7
女性	nǚxìng	名	7

O

偶尔	ǒu'ěr	副	9
偶然	ǒurán	形	1
偶像	ǒuxiàng	名	9

P

拍摄	pāishè	动	1
排斥	páichì	动	2
攀登	pāndēng	动	1
庞然大物	pángrán dàwù		3
培训	péixùn	动	5

培养	péiyǎng	动	4
疲惫	píbèi	形	3
脾气	píqi	名	7
匹	pǐ	量	9
飘	piāo	动	1
频繁	pínfán	形	6
平淡	píngdàn	形	8
平凡	píngfán	形	8
坡	pō	名	1
朴实	pǔshí	形	8
普通人	pǔtōngrén	名	3

Q

期盼	qīpàn	动	4
气喘吁吁	qìchuǎn xūxū		1
泣不成声	qì bù chéng shēng		4
恰恰	qiàqià	副	9
牵	qiān	动	8
牵挂	qiānguà	动	6
签订	qiāndìng	动	5
墙角	qiángjiǎo	名	8
且	qiě	连	8
亲近	qīnjìn	动、形	7
亲切	qīnqiè	形	6
亲情	qīnqíng	名	8
亲身	qīnshēn	形	4

亲手	qīnshǒu	副	4
亲眼	qīnyǎn	副	1
庆幸	qìngxìng	动	1
圈	quān	名	3
群	qún	量	3

R

染	rǎn	动	9
热泪	rèlèi	名	4
人次	réncì	量	5
人群	rénqún	名	8
仍然	réngrán	副	2
融入	róngrù	动	6
如同	rútóng	动	6
入口	rùkǒu	名	8

S

山势	shānshì	名	1
扇	shān	动	3
扇子	shànzi	名	3
商场	shāngchǎng	名	7
身心	shēnxīn	名	7
神圣	shénshèng	形	1
甚至	shènzhì	副	2
湿润	shīrùn	形	4
时尚	shíshàng	名	7
实际	shíjì	形	6

使	shǐ	动	2
世纪	shìjì	名	6
事物	shìwù	名	9
事业	shìyè	名	5
视而不见	shì'érbùjiàn		9
首选	shǒuxuǎn	动	7
受	shòu	动	2
售后服务	shòuhòu fúwù		7
书本	shūběn	名	2
书签	shūqiān	名	9
输液	shū yè		8
熟练	shúliàn	形	4
树苗	shùmiáo	名	4
衰老	shuāilǎo	形	9
四周	sìzhōu	名	6
似乎	sìhū	副	2
随着	suízhe	介	3
岁数	suìshù	名	9
琐碎	suǒsuì	形	8

T

陶醉	táozuì	动	9
特色	tèsè	名	7
特殊	tèshū	形	2
提前	tíqián	动	4
体力	tǐlì	名	1

甜美	tiánměi	形	5
填平	tián píng		6
挑	tiāo	动	9
调整	tiáozhěng	动	7
挑战	tiǎozhàn	动	1
贴	tiē	动	2
通航	tōngháng	动	5
同事	tóngshì	名	5
突破	tūpò	动	5
图画	túhuà	名	2
图书	túshū	名	7
徒步	túbù	副	1
推出	tuīchū	动	5
驼	tuó	形	8
拓展	tuòzhǎn	动	5

W

外套	wàitào	名	2
弯曲	wānqū	形	8
玩耍	wánshuǎ	动	3
往返	wǎngfǎn	动	5
围	wéi	动	9
温馨	wēnxīn	形	5
无奈	wúnài	形	7
无声无息	wú shēng wú xī		8
捂	wǔ	动	3

舞步	wǔbù	名	9

X

吸引	xīyǐn	动	2
险峻	xiǎnjùn	形	1
现场	xiànchǎng	名	4
现象	xiànxiàng	名	2
相近	xiāngjìn	形	6
相形之下	xiāng xíng zhī xià		4
响	xiǎng	动	3
想法	xiǎngfǎ	名	2
象征	xiàngzhēng	动、名	4
潇洒	xiāosǎ	形	9
小调	xiǎodiào	名	8
小伙	xiǎohuǒ	名	9
笑容	xiàoróng	名	5
协议	xiéyì	名	5
新鲜	xīnxiān	形	7
兴奋	xīngfèn	形	1
行动	xíngdòng	名	8
叙旧	xù jiù		1
选	xuǎn	动	2

Y

压抑	yāyì	动	7
眼界	yǎnjiè	名	1
演唱会	yǎnchànghuì	名	5

一部分	yībùfen		7
一较高下	yījiào gāoxià		3
一流	yīliú	形	4
一行	yīxíng	名	4
依靠	yīkào	动、名	8
依依不舍	yīyī bù shě		4
倚	yǐ	动	8
意志	yìzhì	名	7
毅力	yìlì	名	1
引起	yǐnqǐ	动	3
应	yìng	动	4
硬着头皮	yìngzhe tóupí		1
拥抱	yōngbào	动	4
游戏	yóuxì	名	2
有史以来	yǒu shǐ yǐlái		7
于是	yúshì	连	7
娱乐	yúlè	名	7
预计	yùjì	动	5
愿望	yuànwàng	名	6
约	yuē	副	7
越来越	yuè lái yuè		2
晕	yūn	动	1

Z

栽	zāi	动	4
再次	zàicì	副	5

再三	zàisān	副	4
赞助	zànzhù	动	5
增长	zēngzhǎng	动	5
赠送	zèngsòng	动	5
站立	zhànlì	动	9
招募	zhāomù	动	4
召开	zhàokāi	动	5
珍藏	zhēncáng	动	1
挣	zhèng	动	6
睁	zhēng	动	3
直达	zhídá	动	1
植树	zhí shù		4
指导	zhǐdǎo	动	6
指定	zhǐdìng	动	5
制服	zhìfú	名	5
秩序	zhìxù	名	6
中期	zhōngqī	名	6
周年	zhōunián	名	5
株	zhū	量	4
逐渐	zhújiàn	副	2
抓住	zhuāzhù	动	1
专业	zhuānyè	名、形	9
转眼	zhuǎnyǎn	副	9
追求	zhuīqiú	动	7
着迷	zháo mí		9

着实	zhuóshí	副	3
自然	zìrán	名	7
足	zú	副	3

听力练习录音文本与参考答案

第1课

（一）听句子填上空白部分。
1. 梦想　　2. 陪　　3. 一种；另一种　　4. 落　　5. 距离

（二）听后根据课文判断正误，对的画"√"，错的画"×"。
1.（同学请了几天假陪着我，我十分感动。）　　　　　　　　　　（×）
2.（第十个烽火台是长城的最高点。）　　　　　　　　　　　　　（×）
3.（我不想坐缆车上长城，我想徒步攀登。）　　　　　　　　　　（×）
4.（我一听800米的高度就有点儿晕了。）　　　　　　　　　　　（×）
5.（今天的天气真好，这样的天气只有最近才有。）　　　　　　　（√）

第2课

（一）听句子填上空白部分。
1. 前后；代表　　2. 吸引　　3. 认为　　4. 一边；一边　　5. 使

（二）听后根据课文判断正误，对的画"√"，错的画"×"。
1.（从1995年开始，每年2月12日前后，日本都会选出一个汉字，代表一年发生的大事。）　　　　　　　　　　　　　　　　　　　　　　　　　　（×）
2.（被称为"暴走族"的那些人，不喜欢复杂的汉字。）　　　　　　（×）
3.（我想这有着三四千年历史的汉字，一定有特殊的魅力。）　　　（×）
4.（汉字增加了孩子的学习负担。）　　　　　　　　　　　　　　（×）
5.（只要求死记的教育方法是让孩子对汉字不感兴趣的原因。）　　（√）

听力练习录音文本与参考答案

第3课

（一）听句子填上空白部分。
1. 引起　　2. 简直　　3. 分别　　4. 高大

（二）听后根据课文判断正误，对的画"√"，错的画"×"。
1.（力士的饭量很大，一个人的饭量能抵四个普通人。）　　　　（×）
2.（一个三四岁的小男孩儿被力士吓得哭了起来。）　　　　　　（√）
3.（天气很热，力士们只在故宫走了一半，有的就已经大汗淋漓。）（×）
4.（相扑比赛的票价很便宜，很多人都买了票观看。）　　　　　（×）
5.（力士和孩子们的玩耍逗得观众们哈哈大笑。）　　　　　　　（√）

第4课

（一）听句子填上空白部分。
1. 38；25；40　　2. 前两次　　3. 30；3　　4. 15　　5. 2001；12

（二）听后根据课文判断正误，对的画"√"，错的画"×"。
1.（东京青年会议所绿化合作访华团访问了中国的四个城市。）　　（×）
2.（代表团的团员都是自费到中国参加植树活动的。）　　　　　　（√）
3.（都筑幸欲先生是代表团中年龄最大的，他已是第二次来灵宝了。）（×）
4.（来中国植树的有15名日本大学生。）　　　　　　　　　　　　（×）
5.（东京青年会议所从2001年起开始招募大学生。）　　　　　　　（√）

第5课

（一）听句子填上空白部分。
1. 终于　　2. 签订　　3. 突破　　4. 赞助

（二）听后根据课文判断正误，对的画"√"，错的画"×"。
1.（章迪从小就想当空姐。）　　　　　　　　　　　　　　　　　（√）
2.（1974年，日本航空公司的飞机第一次飞到北京。）　　　　　　（×）
3.（日航已经在中国开通了30条航线，成为在中国开通航线最多的国家。）
　　　　　　　　　　　　　　　　　　　　　　　　　　　　　　（√）
4.（中国人到欧洲、美洲等国家不能乘坐日航。）　　　　　　　　（×）
5.（预计7至8年后，中国航空旅客数量会达到2亿人次，中国将成为世界第一大航空市场。）　　　　　　　　　　　　　　　　　　　　　（×）

131

第6课

（一）听句子填上空白部分。
1. 挣　2. 邀请　3. 热情；聊天；包饺子　4. 兴趣　5. 漫画和动画片

（二）听后根据课文判断正误，对的画"√"，错的画"×"。
1.（我大学毕业以后来中国留学。） （×）
2.（我的家乡在日本长野县。） （√）
3.（现在，有些中国年轻人非常喜欢日本。） （√）
4.（日本的漫画和动画片，在中国不容易买到。） （×）
5.（我想成为中日文化交流与沟通的使者。） （√）

第7课

（一）听句子填上空白部分。
1. 满足　2. 首选　3. 令人惊讶　4. 锻炼；减轻　5. 压抑；跳

（二）听后根据课文判断正误，对的画"√"，错的画"×"。
1.（上网是每个中国人生活中最重要的一部分。） （×）
2.（现在许多年轻人不再追求名牌。） （√）
3.（"房奴"是非常流行的一个词。） （√）
4.（开车去郊区农村是城里人亲近自然的新时尚。） （√）
5.（花儿乐队非常受年轻人的欢迎和喜爱。） （√）

第8课

（一）听句子填上空白部分。
1. 因；吩咐　2. 感动；风景　3. 回家；一直
4. 浪漫；柴米油盐　5. 不由得

（二）听后根据课文判断正误，对的画"√"，错的画"×"。
1.（"我"认为夫妻间的幸福只是一种感觉。） （×）
2.（第一个故事中的丈夫很结实，力气很大，所以让妻子坐在自己的腿上。） （×）
3.（第二个故事中的丈夫用自行车带着妻子，很容易过了高坡） （×）
4.（第三个故事中的丈夫背有点驼，妻子腿脚不好。） （×）
5.（人生中最值得珍惜的是柴米夫妻之间的亲情。） （√）

第9课

（一）听句子填上空白部分。

1. 偶尔；亲切　　2. 潇洒；根本　　3. 竟然　　4. 雕刻　　5. 犯；错误

（二）听后根据课文判断正误，对的画"√"，错的画"×"。

1.（当你老了的时候，自己是不知道的。）　　　　　　　　　　　　　　（×）
2.（我是一些老年人的粉丝，因为他们根本不把年老当回事儿。）　　（√）
3.（跳踢踏舞的老人有七十多岁了。）　　　　　　　　　　　　　　　　（×）
4.（踢踏舞的声音与节奏很像马蹄声。）　　　　　　　　　　　　　　　（√）
5.（我觉得跳街舞和踢踏舞的老人犯了某种年代错误。）　　　　　　　（×）